西北工业大学出版基金资助项目
国家自然科学基金(71773088,71402141)支持
中国博士后科学基金(2015M582705,2016T90943)支持

The Impacts of Real Controller and Marketization Environment on Corporate Capital Structure

实际控制人与市场化环境
对公司资本结构的影响研究

苏 坤 著

西北工业大学出版社

西 安

图书在版编目(CIP)数据

实际控制人与市场化环境对公司资本结构的影响研究/
苏坤著 . —西安:西北工业大学出版社,2018.1
ISBN 978 - 7 - 5612 - 5462 - 2

Ⅰ.①实…　Ⅱ.①苏…　Ⅲ.①公司—资本管理—研究
Ⅳ.①F276.6

中国版本图书馆 CIP 数据核字(2018)第 013872 号

策划编辑:雷　鹏
责任编辑:李文乾

出版发行:西北工业大学出版社
通信地址:西安市友谊西路 127 号　　邮编:710072
电　　话:(029)88493844　88491757
网　　址:www.nwpup.com
印刷者:陕西金德佳印务有限公司
开　　本:727 mm×960 mm　　　1/16
印　　张:11.375
字　　数:214 千字
版　　次:2018 年 1 月第 1 版　　2018 年 1 月第 1 次印刷
定　　价:48.00 元

前　言

　　资本结构是公司财务决策的起点,资本是公司有效运转和持续健康发展的经济基础,进而影响公司的盈利能力、经营风险,并影响公司的价值。对资本结构问题的研究一直是理论界和实务界的研究焦点,但目前对资本结构的影响因素仍然没有一个清晰的认识。在以往研究的基础上,本书进一步探讨实际控制人与市场化环境对公司资本结构的影响。通过相关理论归纳与分析,本书构建实际控制人、市场化环境与公司资本结构间关系的概念模型,在此基础上提出研究假设,并运用中国证券市场的公开数据,使用多种统计方法进行实证检验,得出实际控制人、市场化环境对公司资本结构具有重要影响的研究结论。

　　与以往研究相比,本书的创新性工作主要体现在以下几方面:

　　第一,构建一个实际控制人与市场化环境对公司资本结构影响的关系模型。从公司治理理论的研究前沿——终极产权出发,结合我国独特的市场化环境,将二者纳入对公司资本结构研究的统一分析框架,推进对公司资本结构问题的研究。通过这一关系模型,本书不仅系统研究实际控制人与市场化环境分别对公司资本结构的影响,而且进一步考察实际控制人与市场化环境的交互作用对公司资本结构的影响。研究将微观与宏观相结合,并考虑它们之间的相互联系,在一定程度上克服以往从单个方面割裂开来研究公司资本结构问题的局限,丰富和扩展公司资本结构问题的研究内容和发展方向。

　　第二,突破从上市公司表层股权进行研究的局限,从实际控制人的视角系统研究其对公司资本结构的影响。关于股权结构对公司资本结构影响的研究,以往学者往往是从第一大股东的视角进行的,忽视了大股东背后的实际控制人,研究结果难免有失偏颇,削弱了研究的准确性。本研究克服这一局限,发现在我国特殊的现实背景下,负债融资具有"控制权非稀释效应",扩大实际控制人所控制的资源,便利其攫取行为,实际控制人控制权与现金流权分离程度越大,其利益侵占动机就越高,会倾向于提高上市公司负债水平;在确保控制权的情况下,实际控制人现金流权越低,上市公司负债水平就越高;由于现金流权的"激励效应",随着实际控制人现金流权的增大,实际控制人两权分离对公司负债的影响逐渐减弱;"控制权真空"的存在导致实际控制人控制权与公司资产负债率负相关;由于国有股东的所有者缺位,与非国有控制公司相比,国有控制公司实际控制人两权分离程度对公司负债水平的正向影响相对较弱;政府行政级别越低,实际控制人所控制的上市公司资产负债率就越高;实际控制人的代理链层级具有"杠杆效应",代理链层级越长,上市公司负债水平越高;实际控制人的代理链链条数并没有对公司的资本结构产生显著影响;对国有控制公司而言,实际控制人通过实业公司控制的上市公司具有较低的资产负债率。总体而言,实际控制人对上市公司资本结构产生重要影响。

第三,将市场化环境与公司融资间关系的研究从基于跨国的市场化环境差异研究拓展到基于一国内不同地区间市场化环境差异的研究。基于跨国的市场化环境差异研究的一个很明显的缺陷就是很难控制各国在破产法规、会计准则和税收制度等方面存在的差异,研究结果的可比性较差。本研究基于我国各地区间市场化环境差异较大的现实背景,发现市场化程度的提高降低了公司资产负债率水平;地方政府干预程度的增加会提高当地上市公司的资产负债率水平。法律环境的改善降低了上市公司的资产负债率水平。市场化环境对上市公司的资本结构具有重要的影响。

第四,分析并验证实际控制人与市场化环境交互作用对公司资本结构的影响。以往文献往往单独考虑某一因素对公司资本结构的影响,而忽视各要素之间的相互联系,具有一定的片面性。本书进一步考虑实际控制人与市场化环境的交互作用对公司资本结构的影响,发现不同市场化环境下实际控制人对公司资本结构的影响具有显著的差异。总体而言,在较好市场化环境的地区(市场化程度高、政府干预程度小和法律环境完善),实际控制人两权分离程度对公司资本结构的正向影响相对较小。市场化环境对公司资本结构的影响会受到实际控制人微观特征的制约,市场化环境(市场化程度、政府干预程度和法律环境)对公司资本结构的影响程度在国有控制公司更大。

苏 坤

2017 年 10 月

目　录

第1章 绪 论

1.1 研究背景与研究意义

融资决策、投资决策和股利分配决策是企业财务管理的三大决策。其中，融资决策是财务决策的起点，是公司有效运转和持续健康发展的经济基础，直接影响着公司的投资和股利分配决策，进而影响公司的盈利能力、经营风险，并影响到企业价值。融资决策问题的研究核心是负债与权益资本的选择问题，即资本结构问题。因此，对资本结构问题的研究一直是理论界和实务界的研究热点，受到国内外学者的广泛关注。

1.1.1 研究背景

一、资本结构研究的不断深入

资本结构是指在公司总资本中采用不同筹资方式所筹集的资本占总资本的比例，也即权益资本与债务资本之间的比例关系。由于权益资本和债务资本成本的差异，资本结构的不同直接影响公司的综合资本成本，进而影响公司价值。1958年美国财务经济学家 Modigliani 和 Miller 发表《资本成本、公司财务与投资管理》一文，得出了在完美的资本市场上（无摩擦、无所得税）企业资本结构与市场价值无关的结论，也即著名的 MM 理论[1]。MM 理论揭示了公司资本结构构成的意义和公司负债的价值，被认为是现代资本结构理论的基石。然而，由于该文严格的前提假设不符合现实条件，后来的学者逐渐放松了各项假设，对公司资本结构问题做了大量更为贴近现实的深入研究，继而产生了权衡理论、代理理论、信号理论、信息不对称理论、优序融资理论、控制权理论以及行为金融理论等，资本结构理论体系日臻完善。每一个理论的提出，均从不同侧面解释了企业的资本结构选择问题，对"资本结构之谜"有了进一步的揭示，将对资本结构问题的研究都向前推进了一步。同时，这些理论也得到了西方大量实证研究的支持。自 20 世纪 90 年代以来,我国学者对西方资本结构理论在我国的适用性问题也进行了大量的实证检验(陆正飞和辛宇,1998;洪锡熙和沈艺峰,2000;陈维云和张宗益,2002;肖作平,2004)[2-5],研究发现西方资本结构理论并不完全适用于中国的现实情况。究其原因,主要是由于西方资本结构理论的提出背景和我国的现实状况并不完全相符。不论是上述理论的提出还是西方发达国家的实证检验都是基于西方成熟的公司治理体系和市场环境而言的。在那里,企业是一个独立的融资主体,公司治理的各组成部分相互制约、共同监督企业的经营行为,企业根据自己的需要并权衡各相关因素进行融资,同时接受资本市场的严格监督。企业所面临的预算约束较硬,对资本市场的依赖比较强,资本市场是企业生存和发展的关键因素。然而,我国目前仍处于向市场经济转轨的过程中,企业融资所面临的制度约束和行政干预较大,企业产权不清,还不是一个独立的融资主体。同时,由于我国存在着债务预算软约束和信贷软约束,负债对我国上市公司的治理功能缺失;上市公司"壳"资源的宝贵和地方政府基于政治利益的扶持行为导致其缺乏有效的破产机制,资本市场对上市公司的约束也非常有限。

资本结构问题不仅决定着公司剩余索取权的分配,同时也决定着公司控制权的安排。企业负债与权益不仅仅被看作是不同的融资工具,而且代表着不同的治理结构,通过不同的债权和股权配置方式可以有效地防止代理人损害委托人的利益,保护所有者权益,它们也体现出公司治理的效应(Williamson,1988)[6]。如果仅仅把负债和权益看成两种纯粹的融资工具,而忽视它们所附带的投票权和控制权,就不可能真正了解企业的资本结构。Hart(1995)认为,公司治理的一个重要问题就是设计出合理的融资结构,以构建合理的激励约束机制[7]。因此,资本结构理论不仅是如何选择合理的负债权益结构的理论,还是通过负债权益工具的选择影响公司治理效率的理论。

从我国上市公司的融资实践来看,我国上市公司"股权融资偏好"的命题受到越来越多的质疑,我国上市公司普遍存在过度融资行为(李小军,2008)[8]。也就是通常所说的"圈钱",这损害了中小股东的利益,已经成为我国资本市场发展的一大顽疾。而且在负债期限结构中,又存在着长期负债比例偏低、流动负债比例过高的问题,流动负债占总负债的比例达到 70% 以上(Cai,Fairchild 和 Guney,2008)[9],上市公司过度融资的冲动导致其不得不过多地依赖短期负债。从上市公司融资的效果来看,很大一部分上市公司融资后的经营业绩不是随着再融资资金的使用变好了,而是持续降低。同时,包括募集资金大量被控股股东占用、变更募集资金投向、资金大量闲置、在融资的同时进行高额委托理财等一系列怪现象随之出现。这对我国上市公司和证券市场的持续健康发展带来了很大损害,由此,我们不得不对上市公司融资的背后动机和效率进行深入思考。

资本结构决定企业资本各要素之间以及与企业其他各要素所有者之间契约关系的制度安排,与公司的治理结构相联系,同时也与一国的制度环境和宏观经济运行状况密切相关。公司治理对资本结构产生了重要的影响。同时,一国的公司治理体系和资本结构都是在该国的制度环境下形成的,我国的公司治理体系和制度环境与西方发达国家之间有着明显的差异。西方的资本结构理论之所以在解释我国公司的资本结构选择问题上遇到困难,正是忽视我国特殊的公司治理体系和制度环境所导致的结果。因此,有必要结合我国的公司治理现状和特殊的制度环境对资本结构问题进行更为深入的研究,以期从更深层次上改变我国公司治理水平低下、资本结构不合理的现状,为企业的融资决策提供有价值的参考。

二、公司治理研究的不断发展

Berle 和 Means(1932)提出了股权分散的研究假设。他们认为,公司的所有权大都分散在小股东之间,而控制权则掌握在管理者手中,因而造成了经营权与所有权(也有文献称为现金流权)的分离[10],这是传统公司治理研究的逻辑起点。在这种情况下,容易形成股东之间的"搭便车"行为和公司内部人(管理者)的超强控制,公司内部管理者与外部股东间的代理问题成为传统公司治理研究的核心问题,由此引发了 Jensen 和 Meckling(1976)所提出的传统代理理论[11]。然而,自从对公司治理的研究由英、美等国家转向世界范围内以来,股权分散的假设不断受到强烈质疑,学术界对所有权与经营权分离的适用性和公司治理的理论基础都产生了怀疑。Shleifer 和 Vishny(1997)认为,大股东的存在使其一方面有动机监督管理者,缓解经营者与股东间的代理问题,另一方面他们也有动机侵占广大中小股东的利益,产生了新的代理问题,控股股东与中小股东间同样存在类似的委托代理关系[12]。La Porta, Lopez-de-Silanes 和 Shleifer(1999)以 27 个发达国家或地区为样本,首次通过追踪公司的控制链条对终极控制权问题进行了研究,发现以 20% 的控制权为标准,27 个国家或地区中大约有 63.52% 的公司控制权是集中的,且大都存在实际控制人①;实际控制人通过金字塔结构、交叉持股等方式获取的控制权超过现金流权,造成控制权与现金流权之间的偏离,致使其在公司中的资源控制能力和管理决策权力超过其所承担的相应义务,从而产生实际控制人与中小股东之间的代理成本[13]。参照 La Porta,Lopez-de-Silanes 和 Shleifer(1999)[13]的研究方法,Claessens,Djankov 和 Lang(2000)通过对中国香港、印度尼西亚、日本、韩国、马来西亚、菲律宾、新加坡、中国台湾和泰国等 9 个国家或地区中 2 980家上市公司实际控制人的资料进行了追踪,发现超过 2/3 的公司被单独的控股股东控制着,只有很少比例的公司符合股权分散的情况,同时大约有60%公司的高级管理人员是由控股股东派出的,金字塔结构和交叉持股等方式导致实际控制人的控制权超过现金流权[14]。Faccio 和 Lang(2002)应用同样的方法研究了西欧 13 个国家5 232家上市公司,发现除英国和爱尔兰外其他国家的公司基本上都存在最终控股股东,它们通过双重股票和金字塔结构方式增强控制权,在该样本中,91.86%的上市公司被实际控制人持有 5%以上的投票权[15]。一些学者针对某个国家或地区的实际控制人状况进行了研究,并得到类似的结论,如在泰国(Wiwattanakantang,2001)[16]、意大利(Volpin,2002)[17]、瑞典(Cronqvist 和 Nilsson,2003)[18]、中国台湾(Yeh,Ko 和Su,2003)[19]、英国(Hughes,2005)[20]、哥伦比亚(Gutiérrez,Pombo 和 Taborda,2008)[21]、俄罗斯(Chernykh,2008)[22]等,这些国家和地区都普遍存在着终极控制权高度集中的情况。因此,从世界范围的现实来看,所有权高度分散的假设是不符合现实情况的,而股权集中或相对集中则是世界范围内大多数国家中一个更为普遍的现象。在股权集中存在实际控制人的背景下,实际控制人几乎能控制管理者,并且通过发行多种类股票、交叉持股以及金字塔结构等方式获得比现金流权更多的实际控制权,从而使其除了获得控制权共享收益外,还有动机获取控制权私有收益,侵占中小股东的利益(La Porta,Lopez-de-Silanes 和 Shleifer,1999;Djankov 和 Lang,2000;Faccio 和 Lang,2002)[13-15]。在这种情况下,公司治理的主要问题已不再是公司内部管理者

---

① La Porta,Lopez-de-Silanes 和 Shleifer(1999)在研究该问题时使用的是"终极控制股东"(ultimate controlling shareholder)的概念,后来的学者也使用"终极所有者"(ultimate owner)、"终极控制者(人)"(ultimate controller)等概念。但在我国使用这一概念时,由于国有控制公司严格法律意义上的"终极控制股东"是全体公民,这将使本研究变得十分复杂和困难。而我国代表全体公民对国有控制公司行使出资人权力的"实际控制人"——国有资产管理机构,类似于国外对"终极控制股东"研究时,通过对公司控制链向上追踪找到的对公司实际拥有控制权的主体(包含国家这一主体)。因此,结合我国的实际情况,为了避免概念使用上的混乱,本书统一使用"实际控制人"这一概念。

与外部股东间的代理问题,而是大股东(实际控制人)与广大中小股东间的代理问题(La Porta,Lopez-de-Silanes 和 Shleifer,1999,2000;Claessens,Djankov 和 Fan 等,2002)[13,23-24]。

近年来,国内学者对我国上市公司存在的实际控制人问题也进行了研究,发现我国上市公司股权同样较为集中,存在着实际控制人,并且实际控制人控制权与现金流权的分离问题更为严重,控制权与现金流权的不匹配导致控制股东对中小股东的利益侵占(叶勇、胡培和何伟,2005;王鹏和周黎安,2006;杨淑娥和苏坤,2009)[25-27]。实际控制人的存在是我国证券市场许多不规范行为的重要症结所在,他们追求私利的行为必然会促使公司采取对其有利的投融资决策。在缺乏有效的法律和制度的背景下,实际控制人侵占问题频繁发生,并引起我国政府管理层的注意。2001 年 8 月和 2003 年 12 月,中国证券监督管理委员会(以下简称证监会)先后发布通知,要求我国上市公司披露实际控制人和控股结构信息;2004 年 12 月,证监会发布了修订后的《公开发行证券的公司信息披露内容与格式准则第 2 号〈年度报告的内容与格式〉》的通知,明确要求上市公司披露公司实际控制人情况,并以方框图及文字的形式披露公司与实际控制人之间的产权和控制关系;2007 年 12 月,证监会发布了该准则的 2007 年修订版本,进一步规范了上市公司对实际控制人的信息披露。这为研究中国上市公司的实际控制人问题提供了条件。

然而,目前关于实际控制人与中小股东代理问题的研究侧重于对公司价值(绩效)研究(苏启林和朱文,2003;王鹏和周黎安,2006;杨淑娥和苏坤,2009)[26-28],而对于实际控制人通过采取什么样的方式来影响公司价值(绩效)并不清楚。融资与代理问题紧密相连,实际控制人也必然会通过影响公司的融资来服务于自己的私利行为。同时,国内关于股权结构与资本结构间关系的研究,往往侧重于从直接控股股东(第一大股东)的视角进行(肖作平,2004;顾乃康和杨涛,2004;曹廷求和孙文祥,2004;胡国柳和董屹,2005)[29-32]。然而事实上,公司的直接控制股东受控于背后的实际控制人,他们只不过是实际控制人的代理人罢了。真正对上市公司起作用的必然是实际控制人,实际控制人才是实际掌握上市公司财务政策的主体(王化成、李春玲和卢闯,2007)[33],从实际控制人的视角进行研究才更为科学、合理。在存在实际控制人的背景下,上市公司的资本结构选择的特殊之处,实际控制人影响公司资本结构的主要动机是什么? 这就是本书需要回答的问题。因此,本书希望借助于对资本结构的研究,打开实际控制人对公司价值(绩效)影响的"黑匣子",研究在我国上市公司普遍存在实际控制人的背景下,上市公司资本结构选择的特殊之处。

三、外部制度环境的引入

企业总是处于一定的制度环境中,制度环境影响着市场参与者的动机,进而影响其相关的行为决策。North(1990)认为,企业行为不只是企业的自主行为,国家的制度环境对企业的交易行为也产生重要影响,是决定其交易成本的关键因素[34]。La Porta,Lopez-de-Silanes 和 Shleifer 等(1998)将法律环境引入公司治理的研究中,揭示了不同法源对投资者保护和公司治理的影响,开创了法与金融研究的新视角[35]。La Porta,Lopez-de-Silanes 和 Shleifer 等(2002)进一步的研究表明,一个国家的投资者法律保护环境越好,该国公司中控股股东谋取私利的不当行为遭受法律制裁的可能性就越大,其实施"掏空"行为的成本就越高,因此发生控股股东攫取中小股东行为的概率也就越低,公司价值就越大[36]。Dyck 和 Zingales(2004)分析了 39 个国家的大额股票交易,并以投资者权利、信息披露和执法程度这三项指标来代表法律制度,发现了较强的投资者保护有助于降低控制权私人收益[37]。由此可见,外部制度环境已经成为公司治理体系的重要组成部分,会对实际控制人的行为产生影响,进而影响其代理成本。同时,我国上市公司的融资实践也是在一定的制度环境下进行的,上市公司资本结构的形成不可避免地带有制度环境的痕迹。我国幅员辽阔,由于历史、自然环境、区域经济发展水平和社会文化等因素,在我国同一法源下各地区的(市场化)制度环境也存在着很大的差异,不同地区的市场化进程还很不平衡(樊纲、王小鲁和朱恒鹏,2010)[38]。市场化程度越高的地区,市场发育越成熟,政府对市场和企业的干预越少,法律环境更为完善,市场秩序也就更规范,企业更可能按照市场规律办事。制度环境是一个综合变量,内涵广泛,要想完全度量所有制度环境变量几乎是不可能的。限于数据的可得性,结合相关的理论分析,本书的研究主要局限于市场化环境方面。市场化环境主要借鉴樊纲、王小鲁和朱恒鹏(2010)编制的市场化进程数据及其子数据[38],具体包括市场化指数、政府减少对企业的干预指数、市场中介组织的发育和法律制度环境三个方面。因此,本研究进一步引入市场化环境变量,研究其对实际控制人行为和资本结构的影响。

1.1.2 研究意义

本书从终极产权和市场化环境的视角,研究实际控制人的代理问题和市场化环境及其交互作用对公司资本结构的影响,具有一定的理论和现实意义。

一、理论意义

(1)将终极产权和市场化环境纳入对公司资本结构的研究,进一步发展和深化对公司资本结构理论的研究。本研究有助于进一步探寻我国上市公司资本结构不合理的股权结构动因和市场化制度环境动因,有助于规范我国特有现状背景下的资本结构和公司融资行为,为进一步推进市场化进程、完善相关市场化制度环境提供理论依据。

(2)以资本结构为载体,有助于打开实际控制人对公司绩效(价值)影响的"黑匣子"。从逻辑上来讲,公司绩效(价值)是公司一系列经营、财务行为的综合经济后果,实际控制人对公司绩效(价值)的影响,必然要借助一定的经营、财务行为路径。本研究旨在借助资本结构这个点,提供实际控制人如何通过影响公司的资本结构(融资)进而影响公司绩效(价值)的内在机理,为实际控制人影响公司绩效(价值)提供更直接的证明。

二、现实意义

(1)本研究从融资的视角为实际控制人对中小股东的侵害行为提供证据,为我国证券监管部门进一步规范实际控制人行为、保护中小投资者利益、制定相应监管政策、促进资本市场健康有序的发展提供政策建议,有助于进一步完善公司治理结构、提高上市公司的公司治理效率。

(2)对资本结构成因的深入研究可以为相关政策部门制定融资政策提供有价值的信息。本研究有助于激励银行采取相关措施加强债权管理,发挥负债的治理、监管功能,切实保护债权人利益;有助于促进我国上市公司解决过度融资、融资资金使用效率低下等一系列难题,为上市公司提高融资决策的合理性提供参考。

1.2 主要研究问题

鉴于我国上市公司资本结构所存在的问题,以及对资本结构的影响因素尚不清晰的现实状况,本研究从公司治理的发展前沿(终极产权)出发,同时引入被学者们忽视的市场化环境变量,研究我国上市公司资本结构的深层次影响因素。在此基础上,提出如下研究问题。

1. 实际控制人会对公司的资本结构产生怎样的影响

公司治理研究的重心已经从管理者与股东之间的代理问题转向了实际控

制人与中小股东之间的代理问题,实际控制人的代理问题必然会对公司的融资产生一定的影响,进而影响公司的资本结构。本研究拟选取表示实际控制人特征的典型变量,如实际控制人的现金流权、控制权、控制权与现金流权的分离程度、实际控制人性质、代理链层级、代理链条数以及国有实际控制人的政府行政级别、国有实际控制人控制权行权方式,研究它们与公司资本结构之间的关系,进而揭示实际控制人是如何影响公司资本结构的。

2. 市场化环境如何影响公司的资本结构

已有的研究往往从公司的个体特征研究资本结构的形成原因,忽视了市场化环境因素。然而,上市公司的融资行为离不开市场化环境的制约,公司资本结构的形成不免带有我国转轨经济制度背景的特征。我国幅员辽阔,各地区市场化环境的巨大差异也必然会反映在公司的资本结构上。结合市场化环境对公司资本结构影响的理论分析以及相关数据的可得性,本研究从市场化程度、政府干预程度和法律环境三个方面来考察市场化环境对公司资本结构的影响。

3. 不同市场化环境下,实际控制人对公司资本结构的影响是否相同,即实际控制人对公司资本结构的影响是否会受到市场化环境的制约

市场化环境不仅会直接影响公司的资本结构,而且可能会通过影响实际控制人的代理问题间接影响公司的资本结构,而现有的研究往往侧重于对直接效应的研究,忽视了对间接效应的考察。因此,本研究从最能反映实际控制人代理问题的变量——控制权与现金流权的分离程度出发,通过设置市场化环境变量(市场化程度、政府干预程度和法律环境)与两权分离程度变量的交叉项检验不同市场化环境下实际控制人对公司资本结构影响的差异。

4. 市场化环境对公司资本结构的影响在不同实际控制人类型的公司是否一样

不仅市场化环境会对实际控制人与公司资本结构之间的关系产生影响,同样市场化环境与公司资本结构之间的关系也可能受到实际控制人微观特征的制约。本研究以实际控制人产权类型为例,说明实际控制人特征的这种影响。通过设置实际控制人产权类型变量与市场化环境变量(市场化程度、政府干预程度和法律环境)的交叉项,检验市场化环境对资本结构的影响在国有和非国有控股两种不同类型的公司里是否存在差异。

在进行上述研究工作的基础上,本书试图丰富和深化对公司资本结构和公司治理内容的研究,并为证券监管部门、政府决策机构和上市公司利益相关者提供实践上的有益指导和借鉴,从而促进我国证券市场的健康持续发展。

1.3 研究内容和方法

1.3.1 研究内容

根据研究的问题与目标,本书包括如下内容。

第 1 章为绪论。本章主要阐述本研究的选题背景和研究意义,提出本书的主要研究问题,分析进行研究所使用的方法。

第 2 章为文献综述。本章从实际控制人存在的普遍性及其代理问题、资本结构理论及其影响因素实证研究以及市场化环境相关研究等方面对现有文献进行回顾和梳理,并在此基础上评述现有的研究,以期找到已有研究的不足并获取有关研究启示。

第 3 章为概念模型与研究假设。本章在对实际控制人、市场化环境和资本结构进行详细分析的基础上,构建本研究的概念模型,从理论上分析该模型要素之间的逻辑关系,并提出研究假设。

第 4 章为实证研究设计。根据研究要求,本章对研究所需样本进行选取,对相应的数据收集过程进行描述。根据研究假设和相关文献,介绍相关变量的度量方法,并在此基础上构建检验模型。

第 5 章为实证检验结果。本章运用描述性统计分析、相关性分析、方差分析、均值差异显著性 t 检验和多元线性回归分析等统计分析方法,从实际控制人与公司资本结构间的关系、市场化环境与公司资本结构间的关系、不同市场化环境下实际控制人对资本结构影响的差异、不同实际控制人类型下市场化环境对资本结构影响的差异等四个方面对研究假设进行实证检验。

第 6 章为检验结果分析。本章分别从实际控制人与公司资本结构间的关系、市场化环境与公司资本结构间的关系、不同市场化环境下实际控制人对资本结构影响的差异、不同实际控制人类型下市场化环境对资本结构影响的差异等四个方面对检验结果进行讨论分析,详细阐释相关结论及所蕴含的意义。

第 7 章为研究结论与展望。本章首先对主要研究结论进行归纳,并在此基础上提出相关政策建议,阐述本研究的主要创新点,最后指明研究的局限性及未来的研究方向。

1.3.2 研究方法

本研究综合运用公司治理理论、制度经济学和公司财务等内容,以管理学、经济学、统计学和计量经济学理论为基础,分析论证实际控制人、市场化环境及其交互作用对公司资本结构的影响。在研究过程中,采用规范分析与实证研究并重、定性分析与定量分析相结合的研究方法。

通过规范和定性分析,系统梳理国内外相关资本结构理论、公司治理理论和市场化环境因素,通过它们之间的逻辑关系,建立实际控制人、市场化环境与公司资本结构之间关系的分析模型。在对实际控制人、市场化环境如何影响公司资本结构做出基本判断的基础上,运用中国上市公司的数据,通过描述性统计分析、相关性分析、方差分析、均值差异显著性 t 检验和多元线性回归分析等实证检验方法进行经验论证,最后对实证研究结论进行定性分析和规范分析,形成解决问题的建议。具体实证研究方法如下:

(1)描述性统计分析。通过对实际控制人、市场化环境和资本结构等相关变量的描述,发现其中存在的问题。通过对比描述不同政府行政级别控制公司、不同代理链层级公司的平均资产负债率水平,直观考察各类型公司资产负债率水平的差异。

(2)相关性分析。通过简单相关分析,可以看出相应变量之间的相关性和显著程度,为研究假设的论证提供一定的证据。

(3)方差分析和均值差异显著性 t 检验。不同政府行政级别控制公司、不同代理链层级公司的平均资产负债率水平存在一定的差异,但其差异是否显著需要借助方差分析来判断。对于国有控制公司,政府股东通过国有资产管理机构控制的上市公司与通过实业公司控制的上市公司资产负债率水平存在差异,但其差异是否显著需要借助均值差异显著性 t 检验来判断。

(4)多重共线性检验。在进行多元线性回归分析时,需要检验各变量之间是否存在严重的多重共线性,以免研究模型的估计失真或准确性降低。

(5)多元线性回归分析。资本结构的影响因素是多方面的,因此,如果仅仅考虑本书的研究变量是不充分的,有必要在控制其他影响资本结构变量的前提下,对本书的研究变量与公司资本结构之间的关系进行验证,以确保研究结论的可靠性。

本书还采用比较分析的研究方法,根据实际控制人的性质,将上市公司分为国有控制样本组和非国有控制样本组,比较两种类型的实际控制人对公司资本结构影响的差异。

1.3.3 研究框架

本书的研究框架如图 1-1 所示。

```
┌──────────────┐        ┌──────────────┐
│   研究背景    │        │   研究意义    │
└──────┬───────┘        └──────┬───────┘
       └────────────┬──────────┘
                    ▼
          ┌──────────────────┐
          │  研究问题的提出   │
          └────────┬─────────┘
     ┌─────────────┼─────────────┐
     ▼             ▼             ▼
┌──────────┐ ┌──────────┐ ┌──────────┐
│实际控制人研│ │资本结构研究│ │市场化环境研│
│究文献综述 │ │文献综述  │ │究文献综述 │
└────┬─────┘ └────┬─────┘ └────┬─────┘
     └────────────┼────────────┘
                  ▼
        ┌──────────────────┐
        │  概念模型的构建   │
        │ 与研究假设的提出  │
        └────────┬─────────┘
     ┌───────────┼───────────┐
     ▼           ▼           ▼
┌──────────┐┌──────────┐┌──────────┐
│ 数据收集 ││研究变量测度││检验方法与模型│
└────┬─────┘└────┬─────┘└────┬─────┘
     └───────────┼───────────┘
                 ▼
        ┌──────────────┐
        │  实证检验结果 │
        └──────┬───────┘
               ▼
        ┌──────────────┐
        │  实证结果讨论 │
        └──────┬───────┘
  ┌──────┬─────┴─────┬──────┐
  ▼      ▼           ▼      ▼
┌──────┐┌──────┐┌────────┐┌──────────┐
│研究结论││政策建议││主要创新点││局限性与展望│
└──────┘└──────┘└────────┘└──────────┘
```

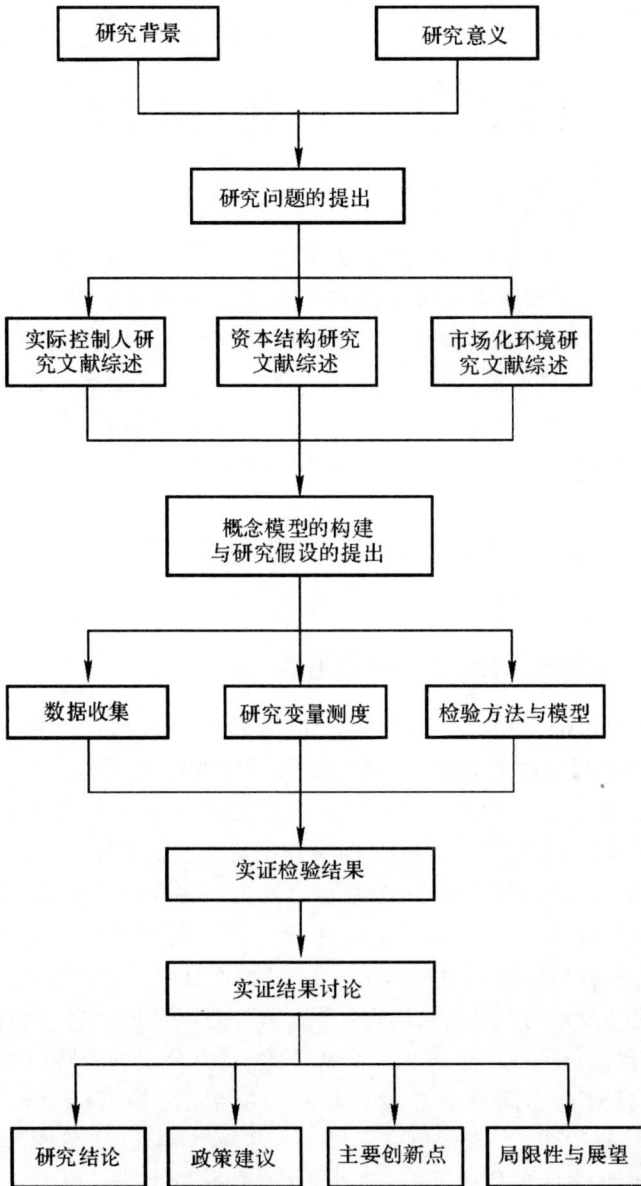

图 1-1 研究框架图

第2章 文献综述

任何一项研究工作都不可能"前无古人",文献综述可以帮助我们明确前人所做的研究工作,辨别本领域的研究前沿,为研究奠定基础。本章从研究所涉及的三个主要方面:实际控制人、市场化环境和资本结构出发,分别就实际控制人存在的普遍性及其代理问题、资本结构理论及其影响因素实证研究和市场化环境相关研究三个方面进行相关文献的回顾与分析,归纳各有关研究的主要观点,并进行文献述评以获取有益的研究启示。

2.1 实际控制人存在的普遍性及其代理问题

2.1.1 实际控制人存在的普遍性

Berle 和 Means(1932)在其经典著作《现代公司与私有产权》中,以美国200家最大的公司为研究对象,发现公司所有权被广大小股东分散持有而公司控制权由经理层所掌握是这些公司的基本特征,由此产生了所有权与经营权应该互相分离的论断[10]。这一论断对公司治理产生了深远而持久的影响,成为几十年来公司治理研究的一个基本出发点。在股权分散的情况下,广大股东将其财产委托给经理人员经营。由于无法对其监控而形成强大的管理层,管理层的利益与股东的利益往往并不一致,这时候管理者就会最大化自己的利益,而损害股东的利益,由此产生了股东与公司管理者之间的代理问题。此后几十年有关公司治理的研究大都基于此,研究公司的管理层如何利用公司控制权选择对自己而不是对股东有利的决策,如 Williamson(1964)[39],Friend 和 Lang(1988)[40]等的研究。Jensen 和 Meckling(1976)更是系统阐述了股东与管理者之间的代理问题,提出了著名的传统委托代理理论[11]。

然而,自 20 世纪 70 年代起,股权分散的假设不断受到学术界的质疑。Eisenberg(1976)[41],Demsetz(1983)[42],Morck,Shleifer 和 Vishny(1988)[43]发现,即使是美国的大公司,所有权也是适度集中的。Shleifer 和 Vishny(1986)以 1980 年"财富 500 强"公司中的 456 家公司为研究对象,发现有 354

家公司拥有至少一位持股 5% 以上的股东,这 456 家公司的第一大股东平均持股比例为 15.4%,而前五大股东持股比例平均为 28.8%。Holderness 和 Sheehan(1988)研究发现,在美国出现了数百个存在绝对控股股东(单个股东持股超过 51%)的上市公司[44]。这些研究表明,即使是以股权分散为代表的美国大公司也存在一定程度的股权集中。La Porta, Lopezxc-de-Silanes 和 Shleifer(1999)以 27 个发达国家或地区市值最大的 20 家公司为样本,首次通过追踪公司的控制链条对终极控制权问题进行了研究,发现除了股东权益具有良好保护的国家之外,股权分散的公司很少,大多数公司都存在一个最终控制股东(实际控制人),并根据其性质划分为 6 种类型:无控股股东(股权分散型)、家族、政府、广泛持有的金融机构、广泛持有的公司和其他控制主体等,且最主要的实际控制人类型是家族控制(以 20% 作为控制权标准,实际控制人类型分布状况见表 2-1;如果以 10% 作为控制权标准,存在实际控制人的比例会更高)[13]。

表 2-1　27 个发达国家或地区公司实际控制人类型分布状况

单位:%

国家或地区	股权分散	家族	政府	广泛持有的金融机构	广泛持有的公司	其他控制主体
阿根廷	0.00	65.00	15.00	5.00	15.00	0.00
澳大利亚	65.00	5.00	5.00	0.00	25.00	0.00
加拿大	60.00	25.00	0.00	0.00	15.00	0.00
中国香港	10.00	70.00	5.00	5.00	0.00	10.00
爱尔兰	65.00	10.00	0.00	0.00	10.00	15.00
日本	90.00	5.00	5.00	0.00	0.00	0.00
新西兰	30.00	25.00	25.00	0.00	20.00	0.00
挪威	25.00	25.00	35.00	5.00	0.00	10.00
新加坡	15.00	30.00	45.00	5.00	5.00	0.00
西班牙	35.00	15.00	30.00	10.00	10.00	0.00
英国	100.00	0.00	0.00	0.00	0.00	0.00
美国	80.00	20.00	0.00	0.00	0.00	0.00
奥地利	5.00	15.00	70.00	0.00	0.00	10.00

续 表

国家或地区	股权分散	家族	政府	广泛持有的金融机构	广泛持有的公司	其他控制主体
比利时	5.00	50.00	5.00	30.00	0.00	10.00
丹麦	40.00	35.00	15.00	0.00	0.00	10.00
芬兰	35.00	10.00	35.00	5.00	5.00	10.00
法国	60.00	20.00	15.00	5.00	0.00	0.00
德国	50.00	10.00	25.00	15.00	0.00	0.00
希腊	10.00	50.00	30.00	10.00	0.00	0.00
以色列	5.00	50.00	40.00	0.00	5.00	0.00
意大利	20.00	15.00	40.00	5.00	10.00	10.00
韩国	55.00	20.00	15.00	0.00	5.00	5.00
墨西哥	0.00	100.00	0.00	0.00	0.00	0.00
荷兰	30.00	20.00	5.00	0.00	10.00	35.00
葡萄牙	10.00	45.00	25.00	15.00	0.00	5.00
瑞典	25.00	45.00	10.00	15.00	0.00	5.00
瑞士	60.00	30.00	0.00	0.00	0.00	5.00
总体	36.48	30.00	18.33	5.00	5.00	5.19

资料来源:整理自 La Porta,Lopez-de-Silanes 和 Shleifer(1999)的文献[13]。

La Porta,Lopez-de-Silanes 和 Shleifer(1999)开启了对终极控制权研究的先河,但他们的研究中每个国家的样本数量相对较少,代表性不强。Claessens,Djankov 和 Lang(2000)通过对东亚9个国家或地区2 980家公司的终极产权结构进行研究发现,超过2/3的公司都被一个大股东控制着,并且在集中所有权公司中大约有60%的公司高层管理者均与控制性股东家族有关系,东亚国家或地区主要以家族控制为主;除日本外,其余国家或地区40%以上的公司均由家族控制[14]。以20%作为控制权标准,东亚9个国家或地区公司的实际控制人类型分布状况见表2-2。

Faccio 和 Lang(2002)应用同样的方法研究了西欧13个国家5 232家上市公司,发现除英国和爱尔兰外,其他国家的公司基本上都存在着最终控股股东(实际控制人),91.86%的上市公司至少有一个股东持有5%以上的投票权,63.07％的上市公司至少有一个控股股东持有 20％以上的投票权,其中44.29％的公司被家族控制着,家族同样是西欧国家最主要的实际控制人类型[15]。以 20％作为控制权标准,西欧 13 个国家公司的实际控制人类型分布状况见表 2 - 3。

表 2 - 2　东亚 9 个国家或地区公司实际控制人类型分布状况

单位:％

国家或地区	股权分散	家族	政府	广泛持有的金融机构	广泛持有的公司
中国香港	7.0	66.7	1.4	5.2	19.8
印度尼西亚	5.1	71.5	8.2	2.0	13.2
日本	79.8	9.7	0.8	6.5	3.2
韩国	43.2	48.4	1.6	0.7	6.1
马来西亚	10.3	67.2	13.4	2.3	6.7
菲律宾	19.2	44.6	2.1	7.5	26.7
新加坡	5.4	55.4	23.5	4.1	11.5
中国台湾	26.2	48.2	2.8	5.3	17.4
泰国	6.6	61.6	8.0	8.6	15.3

资料来源:整理自 Claessens,Djankov 和 Lang(2000)的文献[14]。

表 2 - 3　西欧 13 个国家公司实际控制人类型分布状况　单位:％

国家	股权分散	家族	政府	广泛持有的金融机构	广泛持有的公司	其他控制主体
奥地利	11.11	52.86	15.32	8.59	0.00	11.11
比利时	20.00	51.54	2.31	12.69	0.77	12.69
芬兰	28.68	48.84	15.76	0.65	1.55	4.52
法国	14.00	64.82	5.11	11.37	3.79	0.91
德国	10.37	64.62	6.30	9.07	3.65	3.37
爱尔兰	62.32	24.63	1.45	4.35	2.17	5.07
意大利	12.98	59.61	10.34	12.26	2.88	1.20
挪威	36.77	38.55	13.09	4.46	0.32	4.54

续 表

国家	股权分散	家族	政府	广泛持有的金融机构	广泛持有的公司	其他控制主体
葡萄牙	21.84	60.34	5.75	4.60	0.57	6.90
西班牙	26.42	55.79	4.11	11.51	1.64	0.47
瑞典	39.18	46.94	4.90	2.86	0.00	5.71
瑞士	27.57	48.13	7.32	9.35	1.09	6.31
英国	63.08	23.68	0.08	8.94	0.76	3.46
总体	36.93	44.29	4.14	9.03	1.68	3.43

资料来源:整理自 Faccio 和 Lang(2002)的文献[15]。

Lins(2003)以 18 个新兴市场为研究对象,发现至少 58% 的公司都存在一个控股股东[45]。Gadhoum 等人(2005)研究了美国和加拿大上市公司的终极控制权状况,发现两国存在控制股东的公司比例为 38%,其中美国股权分散型的公司较多,达到 69.25%,但在加拿大仅为 36.35%[46]。除了以上典型的跨国研究外,还有许多学者针对某个国家或地区的终极产权(实际控制人)状况进行了研究,并得到类似的结论。比如在泰国(Wiwattanakantang,2001)[16]、意大利(Volpin,2002)[17]、瑞典(Cronqvist 和 Nilsson,2003)[18]、中国台湾(Yeh,Ko 和 Su,2003)[19]、英国(Hughes,2005)[20]、哥伦比亚(Gutiérrez,Pombo 和 Taborda,2008)[21]、俄罗斯(Chernykh,2008)[22] 等,这些国家或地区都普遍存在实际控制人的情况。

在上述研究的影响下,我国学者对国内公司的终极产权问题也进行了研究。刘芍佳、孙霈和刘乃全(2003)对 2001 年中国上市公司的终极控制权状况进行了研究,发现约 84% 的公司最终由政府控制,最大股东平均持有上市公司约 44% 的股权[47]。叶勇(2005)对 2003 年中国上市公司的终极控制权状况进行了更系统的研究,发现以投票权是否超过 20% 为标准,95.4% 的公司存在实际控制人,其中 72.06% 的公司由政府控制,最大股东的股权比例平均为43.7%,该数据比刘芍佳、孙霈和刘乃全(2003)的研究比例稍低[48],但他们的研究都表明了我国上市公司股权集中的现象更为普遍。

这些研究表明,无论是国外还是国内,股权集中或相对集中并存在实际控制人的状况是世界范围内的一个普遍现象。实际控制人凭借控制权上的绝对优势地位以及权利与义务上的不对称性,侵占公司或中小股东的利益,以获取控制权私有收益。实际控制人与中小股东间的代理问题已成为公司治理研究需要特别关注的核心问题。

2.1.2 实际控制人的代理问题

一、实际控制人控制权与所有权的分离及其实现方式

现代公司的一个基本特征就是控制权与所有权的分离,两权分离是代理问题的核心(Berle 和 Means,1932;Jensen 和 Meckling,1976)[10-11]。在股权分散的情况下,两权分离指的是公司内部管理人员掌握控制权与外部分散股东拥有公司所有权之间的分离(Berle 和 Means,1932)[10]。但是在所有权集中、普遍存在实际控制人的情况下,控制权与所有权的分离包含两方面的含义:一方面是实际控制人所掌握的控制权与其他中小股东所有权之间的分离,在公共选择理论的逻辑框架下,由于少数服从多数的投票权规则,实际控制人的投票权只要达到一定比例就几乎可以控制整个公司(如有 51%的投票权,理论上就几乎拥有 100%的控制权)(张光荣、曾勇和邓建平,2007)[49];另一方面是指实际控制人通过金字塔结构、交叉持股、发行多重股票等方式致其所拥有的控制权超过现金流权(所有权),从而导致控制权与现金流权(所有权)的分离(许海东,2009)[50]。这两方面的含义从本质上来讲是一致的,但学术界通常考察的是第二方面的含义。

金字塔结构指实际控制人通过所控制的公司再控制其他公司的方式。金字塔结构是一个实际控制人在顶端而由一条垂直链条相连接的一组公司,这样的安排可使实际控制人通过有限的权益有效地控制链条上的所有公司,组建庞大的公司"系"。交叉持股指两个或更多的公司互相持有对方的股份,从而构建庞大的企业集团。发行多重股份指发行不同权力属性的股票,从而偏离"一股一票"的原则(优先股和普通股等)。Almeida 和 Wolfenzon(2006)对增强控制权的各种方式进行了理论研究,认为实际控制人可以利用上述三种方式实现任意程度的控制权与现金流权之间的分离[51]。

La Porta,Lopez-de-Silanes 和 Shleifer(1999)在最早提出终极控制权问题的同时,也注意到了实际控制人控制权与现金流权相分离的问题。他们认为公司的实际控制人通常利用金字塔结构、交叉持股和发行多重股票等方式来构建一个复杂的控制链,导致控制权与现金流权的分离,使得实际控制人能够以较少的现金流权掌握公司较大的控制权。其中,金字塔结构是导致两权分离最常用的手段[13]。例如,某实际控制人拥有 A 公司 40％的股权,A 公司同时拥有 B 公司 25％的股权,则该实际控制人对 B 公司拥有的控制权是 25％,而现金流权仅为 10％(40％×25％＝10％),其控制权与现金流权存在着严重的分离。但 La Porta,Lopez-de-Silanes 和 Shleifer(1999)[13]的研究没有对实际控制人的现金流权进行深入的研究,因此也就无法知道实际控制人的两权分离程度。Djankov 和 Lang(2000)对东亚 9 个国家或地区中存在实际控制人的2 611个有效样本进行了分析,发现实际控制人一般通过金字塔结构或交叉持股的方式来增强控制权,实际控制人的现金流权均值为 15.70％,控制权(投票权)均值为 19.77％,以现金流权与控制权之比表示两权分离程度,其均值为 0.746。数据表明,在东亚 9 个国家或地区实际控制人控制权与现金流权普遍存在着较大程度的分离,实际控制人平均用 15.70％的现金流权却掌握了 19.77％的控制权;日本、印度尼西亚和新加坡三国两权分离程度最高,现金流权与控制权比值(最低)分别为 0.602,0.784 和 0.794;菲律宾和泰国的两权分离程度则最低,其现金流权与控制权比值(最高)分别为 0.908 和 0.941,两权分离程度在不同国家或地区存在较大的差别。他们还同时比较了各个国家不同规模公司的两权分离状况,发现小规模公司实际控制人两权分离程度相对较大[14]。Fan 和 Wong(2002)对东亚 7 国的研究结果[52]与 Djankov 和 Lang(2000)的结论基本类似。Faccio 和 Lang(2002)对西欧 13 个国家的公司进行分析发现,实际控制人通过发行双重股票或金字塔结构来增强控制权,实际控制人的现金流权均值为 34.64％,控制权(投票权)均值为 38.48％,现金流权与控制权之比均值为 0.868,两权分离程度最大的是瑞士,为 0.740,西班牙的两权分离程度最小,为 0.941[15]。西欧国家同样存在一定程度的两权分离,但其分离程度小于东亚国家或地区。La Porta,Lopez-de-Silanes 和 Shleifer 等(2002)对 27 个发达国家里每个国家最大的 20 家公司进行了分析,发现实际控制人现金流权均值为 0.29,控制权均值为 0.39,以控制权与现金流权之差表示两权分离程度,其均值为 0.10;两权分离程度最大的是荷兰,为 0.37,最小的是美国,只有 0.01;大陆法系国家公司的两权分离程度比普通法系国家的要高[36]。

除了以上典型的跨国研究外,还有学者专门针对某个国家或地区公司的实际控制人两权分离状况进行了深入研究。Yeh,Ko 和 Su(2003)使用更多的样本对中国台湾上市公司进行了研究,发现中国台湾上市公司中 40.1％的公司使用交叉持股增强控制权,采用金字塔结构的比例大约为 23.9％,并且大多数实际控制人(90.1％)都通过担任董事会席位或管理人员来增强控制权;实际控制人控制权平均为 30.331%,现金流权平均为 17.487%,现金流权与控制权的比值平均为 0.573,两权分离程度[19]比 Djankov 和 Lang(2000)对中国台湾进行研究的分离程度更大。Gadhoum,Lang 和 Young(2005)对美国的上市公司进行了研究,并将其控制权与现金流权分离状况以及控制权增强方式使用情况与东亚和西欧国家进行了对比,发现其两权分离状况远低于东亚和西欧国家,各种控制权增强方式的使用比例也低于东亚和西欧国家,具体情况见表 2-4[53]。Bozec,Rousseau 和 Laurin(2008)对加拿大的上市公司研究发现,大约 23% 的公司通过发行双重股票、14% 的公司通过金字塔结构增强控制权,实际控制人的控制权和现金流权均值为 31% 和 21%,两权分离程度(控制权与现金流权之差)平均为 10%[54]。Chernykh(2008)对俄罗斯的上市公司进行研究发现,51.7% 的公司通过金字塔结构、46.2% 的公司通过发行优先股来增强控制权,而使用交叉持股的公司较少;以 25% 作为控制权标准,实际控制人的控制权平均为 49.33%,现金流权平均为 35.04%,控制权与现金流权之比均值为 1.52,并且联邦政府作为实际控制人的两权分离程序最高,达到 1.79,显示俄罗斯上市公司的两权分离程度还是比较高的[22]。

表 2-4　美国与东亚、西欧国家实际控制人两权分离程度
及控制权增强方式对比表　　　　　　　　单位:%

增强方式	10%控制权标准			20%控制权标准		
	美国	东亚	西欧	美国	东亚	西欧
金字塔结构	8.46	45.68	22.43	3.38	38.70	18.16
交叉持股	1.15	11.02	6.69	0.66	10.12	6.49
发行多重股票	8.19	—	19.91	8.19	—	19.91
现金流权与控制权之比	94.0	74.6	87.0	94.0	74.6	87.0

资料来源:整理自 Gadhoum,Lang 和 Young(2005)的文献[53]。

在国内,叶勇(2005)对我国 2003 年的上市公司进行研究发现,实际控制人的控制权比例平均为 43.67%,现金流权比例平均为 39.33%,现金流权与控制权之比平均为 0.890,整体分离程度与国外研究相比差异并不大,其中政府控制的公司两权分离程度最小,为 0.941,家族控制的公司两权分离程度最大,为 0.672,其中金字塔结构是中国上市公司实际控制人增强控制权的主要方式[48]。谷祺、邓德强和路倩(2006)对我国 2002 年家族上市公司研究发现,实际控制人主要通过金字塔结构或交叉持股增强控制权;实际控制人的现金流权平均为 22.242％,控制权平均为34.429 6％,现金流权与控制权之比平均为62.100 7％,我国家族上市公司的两权分离程度在东亚国家的公司中是最高的[55]。

在所有权集中或相对集中、存在实际控制人的背景下,实际控制人的控制权与中小股东的所有权相分离,同时实际控制人通过金字塔结构、交叉持股、发行多重股票方式增强自己的控制权,致使控制权超过所拥有的现金流权。这种新的"两权分离"会导致实际控制人有动机也有能力侵害中小股东的利益,带来新的代理问题,这类代理问题通常被称为"第二类代理问题"。与此同时,传统的内部管理者与股东间的代理问题被称为"第一类代理问题"。上述两类代理问题的共同存在以至于被国内学者称为"双重委托代理理论"。"双重委托代理理论"比传统的委托代理理论对我国上市公司的解释力更强(冯根福,2004)[56]。

二、实际控制人代理问题的直接研究

在所有权集中的背景下,拥有较多股权的大股东有着强烈的动机去监督管理层、对管理层施压以及最大化公司的价值,从而缓解管理层与股东之间的代理问题(Jensen 和 Meckling,1976;Shleifer 和 Vishny,1997)[11-12]。但由于大股东与中小股东的异质性,它们的利益并不总是完全一致的,当二者利益出现冲突的时候,大股东往往会利用自己的控制权去损害其他股东的利益,从而满足自己的利益。尤其是当实际控制人的控制权与现金流权出现分离的时候,大股东有更强烈的动机去侵占公司资源,损害中小股东的利益,获取控制权私有收益。对实际控制人代理问题的直接研究也集中表现为对实际控制人控制权私有收益问题的研究。目前关于控制权私有收益的研究,主要有以下三种衡量方法。

1. 大额股权交易溢价法

Barclay 和 Holderness(1989)首先使用该方法度量控制权私有收益,他们认为如果控制权意味着能够带来私有收益,市场就会对这种控制权进行定价,当足以影响公司控制权的大额股票进行交易时,这一交易价格就不仅仅包含公司股票本身的价值,还包含控制权的价值。如果大股东预期行使控制权能够造成小股东无法获得正收益,那么这种交易就应该以溢价的方式来进行,这一交易价格与当时股票市场价格的差额就可以近似衡量控制权私有收益[57]。Dyck 和 Zingales(2004)使用该方法对 39 个国家的 412 宗控制权交易进行了分析,发现控制权私有收益平均为 14％,控制权私有收益最小的为日本(一

4%),最大的为巴西(65%);资本市场发达程度与控制权私有收益负相关,股权集中度与私有收益负相关,对中小投资者的保护和法律执行效力的加强能够降低控制权私有收益[37]。Hwang 和 Hu(2009)对 738 宗大额股权交易进行研究发现,控制权交易平均溢价水平为 9.31%,控制权私有收益随所有权的改变而变化较慢,而随着大股东事实控制的可能性变化很快[58]。Hanouna,Sarin 和 Shapiro(2002)以控制权交易和小额股权交易价格的差额衡量控制权私有收益,研究发现西方 7 国控制权交易价格比小额股权交易价格平均高出 18%左右[59]。

在国内,唐宗明和蒋位(2002)结合我国的实际情况,通过计算大宗股权转让价格与每股净资产间的差额来推算控制权溢价水平,我国上市公司控制权私有收益水平平均为 27.9%,控制权私有收益与转让股份比例正相关,与企业规模负相关。赵昌文、蒲自立和杨安华(2004)[60]的研究发现,中国上市公司的控制权私有收益水平平均为 15.83%,远高于发达国家,与某些新兴市场国家接近,净资产收益率和每股净资产与控制权私有收益显著负相关,资产负债率和交易价格与控制权私有收益水平显著正相关。余明桂、夏新平和潘红波(2006)使用类似的方法发现,股权转让规模和交易完成后的买方持股比例与控制权私有收益正相关,绩效越差的公司控制权私有收益越高,股权制衡和债权人在一定程度上能够制约控制权私有收益[61]。林朝南、刘星和郝颖(2006)使用大额股权交易溢价法发现行业特征是影响控制权私有收益的一个重要因素[62]。杨淑娥和王映美(2008)改进了林朝南、刘星和郝颖(2006)的衡量方法,发现控制权私有收益规模平均为 12.31%,高于对投资者保护较好的美国、加拿大等国,股权集中度、大股东派出董事比例与控制权私有收益显著正相关,而股权制衡度不能抑制大股东的控制权私有收益[63]。Luo,Wan 和 Cai(2010)使用该方法对我国上市公司 2003—2006 年的控制权私有收益规模进行了测算,发现平均控制权私有收益为 10.66%,具有多个大股东和较多独立董事的上市公司控制权私有收益规模较小,控股股东的现金流权与控制权私有收益呈非线性的 U 形关系[64]。

2. 投票权溢价法

Lease,McConnell 和 Mikkelson(1984)最早提出投票权溢价法,该方法适用于发行差别投票权股票的公司。他们认为,具有相同剩余索取权、不同投票权的股票价格不同,其价格差异正反映了投票权的价值,可以用具有投票权的股票价格与不具有投票权的股票价格差异表示控制权私有收益[65]。此后,各国学者采用该方法对发行双重股票的国家进行了研究,如意大利(Zingales,

1994)[66]、加拿大（Smith 和 Amoako-Adu，1995）[67]、瑞典（Kunz 和 Angel，1996）[68]和韩国（Chung 和 Kim，1999）[69]等，发现高投票权股票价格要高于低（无）投票权股票价格，普遍存在着控制权私有收益。Nenova（2003）对 18 个国家进行的跨国研究也有类似的发现[70]。我国上市公司不存在双重股票结构，因此该方法在我国并不适用。

3. 累计超额收益法

Bai，Liu 和 Song（2002）认为，ST 公司被宣布 ST 前后的累计超额收益反映了控股股东为了保住上市公司的"壳"资源，频繁进行资本运作以求改善财务状况所做的努力，也就是上市资格对于控股股东的价值，可以用来近似衡量控股股东的控制权私有收益。他们将 1998—2000 年被 ST 的 66 家上市公司作为研究对象，用被 ST 前后累计 22 个月的超额收益率衡量控制权私有收益，发现其平均水平为 29％，与第一大股东持股比例和其他大股东持股集中度显著正相关，与公司的财务杠杆负相关[71]。

三、实际控制人代理问题的间接研究

关于实际控制人代理问题的间接研究主要表现为实际控制人与公司绩效（价值）之间关系的研究，进而间接地为实际控制人的代理问题提供证据。这方面的研究一般以实际控制人控制权与现金流权的分离程度来衡量代理问题的严重程度，两权分离程度越大，实际控制人侵害中小股东利益的可能性越大，代理成本越高，公司价值就越低。而现金流权代表着实际控制人从公司获取收益的水平，其作用则正好相反，体现的是实际控制人"激励效应"的大小。

La Porta，Lopez-de-Silanes 和 Shleifer 等（2002）通过构建数理模型表明，对投资者保护越好的国家，实际控制人现金流权越大，侵害中小股东利益的可能性越小，代理问题就越小，投资者保护和现金流权与公司价值成正比。同时，他们使用 27 个发达国家的数据对该理论模型进行了检验，检验结果与理论模型相一致，即对投资者的保护和实际控制人现金流权与公司价值正相关，在法律保护较弱的国家，实际控制人现金流权的价值会更大[36]。Djankov 和 Fan 等（2002）利用东亚 8 个国家或地区的 1 301 家上市公司的资料分离了实际控制人的"激励效应"与"堑壕效应"，研究结果表明，实际控制人的现金流权与公司价值正相关，与"激励效应"相一致；当控制权大于现金流权时，公司价值降低，控制权与现金流权之差与公司价值负相关，与"堑壕效应"相一致；当实际控制人是家族时，"堑壕效应"更为严重[24]。Lins（2003）以 18 个新兴市场的 1 433 家公司为研究对象，发现当控制权超过现金流权时，公司价值会降

低,并且在对投资者保护较弱的国家里更为显著[45]。

　　Cronqvist 和 Nilsson(2003)发现在瑞典,家族公司更可能采用发行双重股票、金字塔结构方式增强控制权,其价值折扣也最大,平均而言控制股东价值折扣的比例为公司价值的 6%~25%[18]。Yeh,Ko 和 Su(2003)研究中国台湾的上市公司发现,控制权与现金流权的分离降低了公司价值,可以较好地衡量大股东的攫取行为,较高的现金流权会增加公司价值[19]。Yeh(2005)进一步对台湾的上市公司进行研究,发现当实际控制人拥有较高现金流权时,公司价值较高;当现金流权小于中值时,实际控制人的"堑壕效应"变得明显,现金流权高于中值时,正的"激励效应"将约束负的"堑壕效应",尤其是当家族公司使用交叉持股时,公司价值显著降低[72]。Hughes(2005)对英国的上市公司研究发现,当实际控制人控制权至少是现金流权两倍时,公司价值才会明显降低;而机构投资者作为实际控制人降低了公司价值,没有明显证据表明控制机制会降低公司价值[20]。Bozec 和 Laurin(2008)对加拿大的上市公司研究发现,控制权与现金流权的分离对公司绩效产生了负向影响,尤其是当自由现金流较高和现金流权较低时,这种负向影响更为强烈[73]。Hughes(2009)通过研究西欧 12 个国家的资料发现,实际控制人的出现降低了公司价值,对投资者的保护和实际控制人现金流权提升了公司价值,实际控制人两权分离则降低了公司价值[74]。

　　上述研究进行的同时,国内学者对我国上市公司实际控制人与公司绩效(价值)之间的关系也进行了大量研究,得出了类似的结论,即实际控制人现金流权具有"激励效应",与公司绩效(价值)正相关,而控制权与现金流权的分离具有"堑壕效应",与公司价值负相关。苏启林和朱文(2003)对中国的家族上市公司进行了研究,发现家族类公司既存在所有权层面的控制权与现金流权分离的代理问题,又存在家族企业主与管理者在管理层面形成的代理问题,前者对公司价值具有负向影响,而后者的影响是双向的[28]。王鹏和周黎安(2006)使用 2001—2004 年全部上市公司数据研究发现,实际控制人的现金流权具有"激励效应",控制权具有"侵占效应",随着两权分离程度的加大,公司绩效下降,并且体现出更强的边际效应,国有控股的上市公司绩效相对较好,并从资金占用的角度也得到了类似的结论[26]。谷祺、邓德强和路倩(2006)建立了控制权私有收益的理论模型并通过家族类上市公司的数据对其进行实证检验,发现现金流权与公司价值负相关,这与大多数研究结论不相符。他们认为这可能与家族上市公司"掠夺性分红"行为相关,实际控制人控制权与公司价值负相关[55]。朱滔(2007)通过建立模型并经实证检验发现,实际控制人现金流权与公司绩效正相关,控制权与现金流权的分离和公司绩效负相关,股权制衡只有在两权分离程度较高的公司才能发挥作用,在相对控制、政府控股和低竞争行业的公司中效果更为显著[75]。王力军(2007)发现,国有和民营实际控制公司价值没有明显差别,国有控股公司的公司价值随着政府层级的提升而升高,民营实际控制人两权分离程度与公司价值负相关,法治水平越高,公司价值就越大[76]。余明桂、夏新平和潘红波(2007)发现,存在实际控制人的公司市场价值较低,实际控制人担任管理者会降低公司价值,政府作为实际控制人的公司市场价值低于其他类型公司[77]。杨淑娥和苏坤(2009)以我国2002—2006 年民营上市公司为研究对象,发现实际控制人现金流权与公司绩效显著正相关,控制权与现金流权的偏离与公司绩效显著负相关,且当现金流权较高时,实际控制人的"堑壕效应"显著降低,较少的自由现金流能够有效地约束实际控制人的攫取行为[27]。

从上述研究可以看出,在股权集中或相对集中的背景下,控股股东与中小股东之间存在着严重的利益冲突,实际控制人会利用控制权与现金流权的分离侵害中小股东的利益,实际控制人与中小股东之间的代理问题(第二类代理问题)已经成为公司治理研究的核心问题。

2.1.3 实际控制人存在的普遍性及其代理问题研究小结

按照公司治理的发展路径,对以股权分散为基础的传统公司治理研究和以股权集中为基础的公司治理研究进行了综述,通过系统地梳理实际控制人在世界范围内普遍存在的研究成果,提出从实际控制人的视角研究公司治理问题才更为科学合理的推断。在此基础上,对实际控制人代理问题的研究成果从实际控制人控制权与所有权的分离及其实现方式、实际控制人代理问题的直接研究和实际控制人代理问题的间接研究三方面进行了系统的回顾和梳理。可以看出,对传统的公司治理和以直接控股股东为视角的研究一直是公司治理研究的主体,近年来国内外学者才逐渐涉足终极控制权的研究。而且对终极控制权代理问题的研究则是采用直接衡量和从绩效(价值)方面间接衡量的研究居多,对于实际控制人如何通过公司各种决策导致上述经济后果的研究则相对较少。这为本研究选取以资本结构为载体,从终极控制权的视角研究实际控制人的代理问题提供了契机。

2.2　资本结构理论及其影响因素实证研究综述

2.2.1　资本结构理论综述

资本结构理论是指关于企业融资方式的选择以及是否存在使企业价值最大化的资本结构问题的理论。对资本结构理论问题的研究由来已久,纵观其发展历史,大致可以划分为以下三个阶段:早期的资本结构理论、现代资本结构理论和新资本结构理论。

一、早期资本结构理论

早期资本结构理论是指 1958 年 MM 定理产生之前的资本结构理论,这一时期还未形成系统的分析框架和理论体系,主要是对资本结构问题的一些描述性说明,缺乏严格的推理和证明。美国财务学家 Durand(1952)在其论文《企业负债及权益资金的成本:趋势和计量问题》中对早期的资本结构理论进行了总结,并将其概括为三种资本结构理论:净收益理论、净营业收益理论和传统理论[78]。

1. 净收益理论

该理论认为,负债融资具有财务杠杆作用,企业利用负债融资越多,财务杠杆作用越大,加权平均资本成本就越低,企业价值就越大。因此,企业的最优资本结构就是 100% 的负债融资。此时企业加权平均资本成本最低,企业价值最大。这是一种极端的资本结构理论,由于该理论忽略了财务风险因素,所以在现实中是难以实施的。

2. 净营业收益理论

该理论认为,资本结构与企业的加权平均资本成本和企业价值是无关的,并不存在最优的资本结构。企业增加成本较低的负债,即使负债资本成本不变,但由于增加了企业的风险,权益资本成本也会提高,加权平均资本成本不变。也就是说,企业负债比例不影响加权平均资本成本,也就不影响企业价值,所以不存在最优的资本结构。该理论虽然考虑了风险因素,但夸大了风险因素的影响,使得企业资本结构的选择失去了意义。

3. 传统理论

该理论认为,各种资本成本随着资本结构的变化而变化,企业适度负债并不会带来财务风险的增加,当权益资本成本的提高还没有抵消负债融资带来的杠杆收益时,增加负债融资能够降低加权平均资本成本,提升公司价值。当负债融资超过一定限度后,权益资本成本的上升抵销了负债融资带来的杠杆收益,加权平均资本成本增加,公司价值降低。因此,从逻辑上讲,公司价值随着负债融资的增加有一个先上升后下降的过程,也就是存在一个最优的资本结构使得公司价值最大化。传统理论是介于净收益理论与净营业收益理论之间的一种折中理论。

早期资本结构理论采取定性的方法描述了随着公司负债水平的变化,公司的资本成本和企业价值是如何变化的。净收益理论、净营业收益理论和传统理论三种早期资本结构理论关于公司负债水平与企业价值间关系的观点对比如图 2-1 所示。

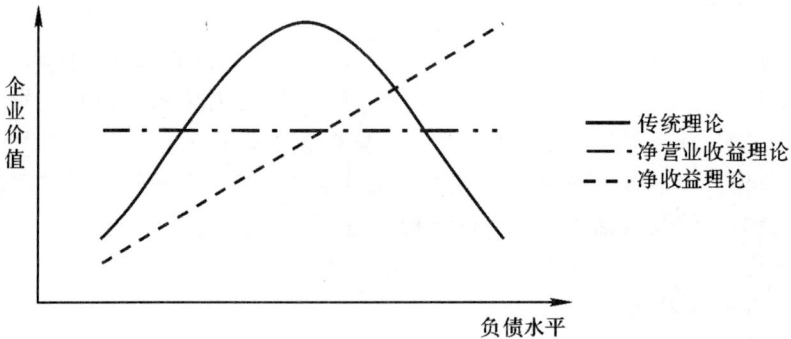

图 2-1　早期资本结构理论关于公司负债水平与企业价值间的关系示意图

二、现代资本结构理论

现代资本结构理论是以 MM 定理的提出为标志的,在此基础上,修正的 MM 定理和 Miller 模型考虑了税收的影响,权衡理论则进一步考虑了财务危机成本。

1. MM 定理

MM 定理是以 1958 年美国财务经济学家 Modigliani 和 Miller 在《美国经济评论》上发表的《资本成本、公司财务与投资管理》[1]一文为标志的。该理论认为,在完美的资本市场上,企业资本结构与市场价值无关,企业价值取决于与企业风险相适应的资本成本资本化后的未来收益水平。用公式表示为

$$V_L = V_U = \frac{EBIT}{K_a} = \frac{EBIT}{K_{eu}} \qquad (2-1)$$

其中，V_L 表示存在负债状况下的企业价值，V_U 表示不存在负债状况下的企业价值，$EBIT$ 表示企业的息税前利润，K_a 表示存在负债状况下的企业加权平均资本成本，K_{eu} 表示不存在负债状况下的企业权益资本成本。

MM 定理完美资本市场假设主要包括以下几方面：①不存在交易费用和交易限制；②不存在信息不对称，市场参与者都将免费获得完全信息；③不存在破产成本；④无论借款多少，企业的借贷利率不变；⑤投资决策不受资本结构变化的影响；⑥没有税收，即不存在企业所得税和个人所得税。

MM 定理的结论与早期的净营业收益理论一致，但它摆脱了净营业收益理论使用简单事实描述的局限，是在一系列前提假设和严密的逻辑推理基础上得出的结论，为以后的理论发展指明了方向。

2. 修正的 MM 定理

MM 定理严格的前提假设不符合现实条件，其资本结构与企业价值无关的结论也不断地受到质疑。为了解释理论与现实不符的现象，Modigliani 和 Miller（1963）发表的《企业所得税与资本成本：一项修正》，将企业所得税引入对资本结构的分析模型中，对 MM 定理进行了修正[79]。在考虑企业所得税的情况下，由于负债利息可以在税前列支，冲减利润，因此，负债具有减税效应。而股息只能在税后支付，无法享受到税收利益。因此，负债企业的价值将大于无负债企业的价值，其差额部分就是负债的节税收益部分 $T_c D$。该理论认为，企业负债越多，负债的节税收益越大，企业价值就越大。当企业 100% 负债时，企业价值最大。用公式表示为

$$V_L = \frac{EBIT(1 - T_c)}{K_{eu}} + \frac{T_c K_d D}{K_d} = V_U + T_c D \tag{2-2}$$

其中，T_c 表示公司的所得税税率，K_d 表示债务资本成本，D 表示公司债务总额，其余变量与式（2-1）相同。

修正的 MM 定理忽视了债务风险以及边际利率的变化，其结论与早期的净收益理论基本一致，但它是在一系列假设和严密的逻辑推理基础上得出的。

3. Miller 模型

Miller（1977）在上述研究的基础上，进一步考虑了个人所得税的影响，对上述模型进行了改进，构建了 Miller 模型[80]。该模型认为，因负债而增加的企业价值在一定程度上会受到个人所得税的抵消，企业价值并不是随着负债水平的增加而线性上升，负债所带来的税收利益是有限的。使用公式推导考虑个人所得税情况下的企业价值模型如下。

公司每年的现金流由归属于股东的现金流和债权人的现金流两部分

组成：

$$CF = (EBIT - I)(1 - T_c)(1 - T_e) + I(1 - T_d) =$$
$$EBIT(1 - T_c)(1 - T_e) - I(1 - T_c)(1 - T_e) + I(1 - T_d) \quad (2-3)$$

其中，I 表示利息，T_e 表示股票收益所得税率，T_d 表示债券收益所得税率，其余变量与式（2-2）相同。

由此可知，在企业存在负债并进一步考虑公司所得税和个人所得税的情况下，企业价值为

$$V_L = \frac{EBIT(1 - T_c)(1 - T_e)}{K_{eu}} - \frac{I(1 - T_c)(1 - T_e)}{K_d} + \frac{I(1 - T_d)}{K_d} =$$
$$V_U + [1 - \frac{(1 - T_c)(1 - T_e)}{(1 - T_d)}] \times \frac{I(1 - T_d)}{K_d} =$$
$$V_U + [1 - \frac{(1 - T_c)(1 - T_e)}{(1 - T_d)}] \times D \quad (2-4)$$

由式（2-4）可以发现，从本质上来说，Miller 模型是 MM 模型的延续。在 Miller 模型中，如果股票收益所得税、债券收益所得税和企业所得税为零，该模型就变成了 MM 定理；如果股票收益所得税和债券收益所得税为零，则该模型就变成了修正的 MM 定理。Miller 模型实际上是前两种模型的进一步延伸与发展。

4. 权衡理论

修正的 MM 定理仅仅单方面考虑了负债的减税效应，没有考虑负债可能带来的财务风险损失的扩大，与现实情况是不相符的。后来的财务学家进一步考虑了财务风险的影响，到 20 世纪 70 年代中期逐渐形成了权衡理论。该理论认为，一方面负债增加能够带来节税收益，增加公司价值，但随着负债水平的进一步增加，另一方面也会带来财务危机成本的增加，这种成本增加到一定程度后将会超过负债所带来的节税收益。权衡理论认为，最优的资本结构就是这两种效应之间的权衡，从而使边际税收收益与边际破产成本相等，企业价值最大化。用公式表示为

$$V_L = V_U + T_c D - PV \quad (2-5)$$

其中，$T_c D$ 为公司的税盾收益，PV 表示公司的财务危机成本。

公司会在税盾收益 $T_c D$ 和财务危机成本 PV 之间权衡，当 $T_c D - PV$ 最大时，公司价值最大，此时的资本结构水平即为最优资本结构。

三、新资本结构理论

新资本结构理论是指 20 世纪 70 年代后兴起的资本结构理论，它一反原

先资本结构理论以负债税收收益和破产风险为核心的研究方法,将资本结构理论放到不对称信息的背景下进行研究。企业投资者与管理者的信息是不对称的,新资本结构理论基于不对称信息中的"代理""信号""激励"等相关概念,试图从企业内部研究资本结构问题,将资本结构问题更多的引向公司治理的研究上来,研究的重心不再是资本结构的权衡,而是通过设置合理的资本结构,改善公司治理水平,提升公司价值,这将资本结构理论的研究向前推进了一大步。

1. 代理成本理论

Jensen 和 Meckling(1976)开创了资本结构的代理成本理论,他们认为,在企业中股东与管理者之间的冲突、债权人与股东之间的冲突是最主要的两类冲突[11]。由于经理人员一般只拥有公司的小部分股权,当其努力工作时,只能享受努力工作所创造收益增量的一部分,却承担了努力工作的全部成本;而当他增加在职消费或偷懒时却恰恰相反,或许只承担部分损失,却能享受到全部好处。因此,对于经理只拥有部分所有权的企业而言,经理偷懒或谋取私利的动机就较强,从而降低了公司价值,经理部分所有权的企业价值与全部所有权的企业价值之间的差额就体现为股权代理成本,它与经理的持股比例负相关。在经理对企业的投资不变的情况下,增加负债比例可以增大经理的持股比例,从而降低股权代理成本。同时,由于债务资金需要到期偿还,减少了经理可用于私利行为的"自由现金流",也减缓了经理和股东间的代理冲突。由上述分析可知,扩大负债融资能够降低股权代理成本。

债权人和股东间同样存在着代理冲突,冲突的根源在于股东的有限责任。当负债比例上升时,股东倾向于选择高风险的项目,由于债权资金的利率是事先商定的,风险投资的收益大部分归股东所有,而一旦投资失败,债权人将承担大部分不利后果。然而,债权人可能预期到这种现象,这样负债筹资比例的上升就会导致更高的借款成本,也就是债权代理成本。

综合上述两种代理成本的分析就会发现,负债比例的上升会降低股权代理成本,同时会增加债权代理成本。企业的最优资本结构就是企业在上述两种代理成本之间进行权衡,使得其总代理成本最小、企业价值最大。

2. 信号传递理论

Ross(1977)在放宽了 MM 定理完全信息(不存在信息不对称)假设的基础上,提出了信号传递理论[81]。该理论认为,外部投资者和企业管理者之间的信息是不对称的,在管理者和外部投资者相互博弈的过程中,管理者会根据自己的目的,选择适宜的资本结构向外界传递信号,以便表明企业的价值。当企业前景看好而股价被低估时,掌握充分信息的管理者知道这种情况,倾向于发行债务融资而不愿发行股票;反之,如果企业前景看淡而股价被高估时,管理者倾向于发行股票。因此,企业发行股票或者债券就会向外界传递一种信号,投资者可以根据这种信号进行分析和研究,进而间接评判企业的价值。外部投资者会将企业发行债券视为一种高质量企业的信号,债券的发行往往伴随着股价的上扬;反之,企业发行股票则是一种低质量企业的信号,新股的发行往往会带来股价的下跌。

3. 优序融资理论

Myers 和 Majluf(1984)进一步考察了不对称信息对资本成本的影响,并提出了"优序融资理论"[82]。优序融资理论认为,由于管理者与外部投资者之间的信息不对称,管理者拥有更多的企业未来收益和投资风险的信息,投资者只能通过管理者的行为来分析和判断企业的状况并做出相关投资决策。根据信号理论的分析,企业发行股票是股价被高估的一种信号,投资者会视发行新股为一种坏信号,发行新股会引发股价下跌,进而影响筹资效率。因此,企业在进行筹资时,为了避免股价下跌,保护原有股东的利益,最合适的途径是内部融资,即使用留存收益。如果内部融资不能满足投资的需要,需要进行外部融资时首先偏好使用负债融资,最后才是发行股票融资。优序融资理论的融资顺序是内部融资—负债融资—发行股票融资。

4. 控制权理论

20 世纪 80 年代后期,随着世界上接管活动的频繁,财务学者对资本结构的研究逐渐转向了对控制权市场与资本结构间关系的研究。由于资本结构的股票部分(普通股)具有投票权,而债务部分没有投票权,因此,资本结构在影响公司收入流分配的同时,也会影响公司的控制权分配。企业负债与权益不仅仅应被看作是不同的融资工具,也是不同的控制权基础。Williamson(1988)认为,与其说企业负债与权益是两种不同的融资手段,不如说是可以相互替代的治理和控制机制,忽视它们所附带的投票权和控制权,就不可能真正了解企业的资本结构[6]。Harris 和 Raviv(1988)认为,企业经理人员既可以从所持有的公司股份中获取收益,也可以通过掌握的控制权获取控制权私利(如高档办公室、汽车等在职消费)[83]。企业经理人员所持公司股份的多少取决于其收益与成本之间的权衡。一方面,随着经理人员持有公司股份的增多,对公司的控制权增大,获取的控制权私利也增多。另一方面,随着经理人员持有公司股份的过分增多,对公司的控制权较大,由于潜在更有能力竞争者成功的可能性较小,公司的价值就会下降,经理人员持有公司股份部分的价值也会降低。这样,经理人员在持有公司股份的多少方面,就会存在一个成本与收益的权衡,以确定最优持股比率。由于经理人员持股比率与公司资本结构相联系,经理人员可以通过提高负债水平,增大其持有股份在公司股份中的相对比率,来增强对公司的控制权,以便最大化个人利益。他们认为,公司控制权之争需要负债,而要想确保公司不被接管则需要更多的负债,接管目标一般会提高其负债水平。Stulz(1988)的模型与 Harris 和 Raviv(1988)的模型类似,只是二者在分析时考虑的角度不同。Harris 和 Raviv(1988)的模型是以经理人员收益最大化来分析的,而 Stulz(1988)的模型是以股东利益最大化来分析的。Stulz(1988)的模型得出的结论是,企业经理人员会通过改变公司的资本结构来影响所持有的公司股份比例,以使股东财富最大化[84]。Israel(1991)认为,根据债务契约的特点,当接管发生时,债权人享受固定数额的接管收益,而收购企业股东与目标企业股东仅就剩余部分收益进行分割[85]。负债越多,收购方支付的价格就越高,由于债权人收益的固定性,收购方股东的收益就会减少,而目标企业股东的收益就会增大,增加负债能够减少目标企业被接管的可能性。Aghion 和 Bolton(1992)通过多期博弈模型证明,在不利的、可公开观测到的收益信息出现以后,将控制权转移给债权人是最优选择[86]。资本结构是控制权在不同证券持有者之间的分配,由于经理层和外部投资者的目标函数不同,经理层既关心货币收益,又关心非货币收益,而外部投资者仅关心货币收益,而资本结构就应该使社会的总收益最大化,而不是某一部分投资者的收益最大化。与控制权相联系,以社会总收益最大化为目标,利用负债契约的破产机制,最优的资本结构就是当公司破产时,能够使公司的控制权顺利从股东转移给债权人的资本结构。

2.2.2　资本结构影响因素实证研究综述

在资本结构理论蓬勃发展的同时,广大学者在上述理论的指导下对资本结构的影响因素进行了大量的实证研究。以下主要从宏观因素、行业因素、公司基本特征因素以及公司治理因素等方面对资本结构的影响因素进行回顾。

一、宏观因素

企业的融资决策不仅要考虑微观经济特征的技术约束,也要考虑宏观经济的市场约束。宏观经济因素是公司资本结构选择时必须考虑的重要因素。

由于历史、体制、文化等因素的差异,不同国家公司的资本结构有着显著的不同。国别因素是资本结构的一个重要决定因素。Kester(1986)比较了美国和日本企业的资本结构差异,发现日本由于独特的银企关系和治理模式,日本企业与美国企业相比往往倾向于采取更多的负债融资[87]。Rajan 和 Zingales(1995)对 7 个工业化国家的资本结构进行了研究,发现英国和德国的资产负债率最低,而另外 5 个国家(美国、法国、意大利、日本和加拿大)的资本结构则很相近[88]。Booth,Aivazian 和 Demirguc-Kunt 等(2001)对 10 个发展中国家企业的资本结构进行了研究,发现发展中国家的长期负债率比发达国家低,国别因素在影响资本结构方面至少和财务变量同样重要[89]。Jong,Kabir 和 Nguyen(2008)发现,国别因素不仅直接影响着资本结构,而且还通过影响公司的基本特征进而间接影响公司资本结构[90]。

宏观经济形势对资本结构也会产生一定的影响。DeAngelo 和 Masulis(1980)认为,通货膨胀可以降低负债融资的真实成本,通货膨胀导致企业更偏向采用负债融资[91]。Kim 和 Wu(1988)的实证研究证实了通货膨胀会增加公司负债水平的推断[92]。Graham 和 Harvey(2001)的调查表明,美国制造企业至少有 1/3 的财务总监在制定财务政策时考虑了利息率和通货膨胀率等宏观经济形势因素[93]。Booth,Aivazian 和 Demirguc-Kunt 等(2001)使用市场资本化/GDP、银行贷款总额/GDP、实际 GDP 增长率、通货膨胀率等宏观经济指标对资本结构的影响因素进行了研究,发现这些变量可以解释 17 个国家总债务比率 27.5% 的变化[89]。Korajczyk 和 Levy(2003)构建了以宏观经济状况和公司特征因素为自变量的目标资本结构函数模型,发现宏观经济状况能够解释财务杠杆 12%~51% 的时间序列变化,财务无约束的公司能够将股权融资时机与有利的宏观经济形势相结合,而财务有约束的公司则不行[94]。Levy 和 Hennessy(2007)研究认为,在经济紧缩时期,管理者倾向于使用负债融资替代权益融资以维持管理者权益,而在经济扩张时期,管理者倾向于使用权益来替代负债以分散管理者的风险[95]。Bokpin(2009)使用 34 个转型经济国家 17 年的面板数据发现,银行部门的发展与长期负债比率正相关,通货膨胀时期公司倾向于使用内部融资,人均 GDP 与资本结构显著负相关,利率预期的上升会导致公司使用更多的长期负债,股票市场发达程度对资本结构并没有显著的影响[96]。Sett 和 Sarkhel(2010)发现,资本结构与股票市场发达程度负相关,与银行部门发达程度、通货膨胀率负相关[97]。

资本结构在一定程度上还会受到法律等制度环境的影响。Harris 和 Raviv(1991)研究认为,公司的债务融资可能受到债权人的抑制,破产法规定公司如果破产,经理人将会受到惩罚,因此,破产法规定的严厉程度会影响企业的债务融资,经理人在考虑企业破产给自己带来损失的情况下,会倾向于选择较低的债务水平[98]。Rajan 和 Zingales(1995)发现,英国和德国的破产法过多地保护债权人利益,财务危机企业大多被清算,经理人员为了避免这种情况的出现而使自己的利益受损倾向于选择较低的负债水平;而在美国,破产法注重保护经理人员的利益,财务危机企业大多可以通过重组获得新生,因此美国企业的资本结构水平就相对较高[88]。Shleifer 和 Wolfenzon(2002)研究发现,在采用习惯法的英美国家,公司倾向于用权益资本替代长期债务进行融资[99]。

国内学者对资本结构的研究中考虑宏观因素的较少,其中比较典型的研究如下:蔡楠和李海菠(2003)研究发现,通货膨胀率、实际贷款利率对我国上市公司的资本结构具有显著的影响,而狭义货币增长率和国内生产总值(GDP)实际增长率对公司资本结构的影响不显著[100]。姚琼(2004)着重探讨了宏观经济环境对农业上市公司资本结构的影响[101]。原毅军和孙晓华(2006)的研究表明,宏观经济因素确实对资本结构有着显著的影响,GDP 增长率与资本结构正相关,而通货膨胀率、实际贷款利率和财政支出增长率与资本结构负相关[102]。Bhabra,Liu 和 Tirtiroglu(2008)使用中国上市公司1992—2001 年的数据发现,中国股票市场的发达程度对长期负债比率并没有显著的影响[103]。苏冬蔚和曾海舰(2009)研究发现,资本结构呈现反经济周期变化,宏观经济形势向好时,资本结构下降,反之则上升[104]。

二、行业因素

由于上市公司的资产风险、资产类型以及对外部资金的需求在不同行业间相差很大,平均资产负债率也会存在一定的行业差异(Myers,1984)[105]。Scott 和 Martin(1975)认为,属于同一个行业的公司面临相似的市场环境和风险特征,它们的杠杆比例也就不会变化太大,他们研究发现 12 个非管制行业的资本结构存在显著差异[106]。Harris 和 Raviv(1991)研究了美国公司的资本结构现状,发现医药、仪器设备、电子和食品行业的杠杆比例一直较低,造纸、纺织、钢铁、航空和水泥行业的杠杆比例一直较高,而规制行业(如电信、电力、煤气)的杠杆比例则最高[98]。DeAngelo 和 Masulis(1980)认为,不同行业公司的非债务税盾、边际负债成本及破产可能性都有很大区别,公司资本结构亦存在显著的行业差别[91]。Bradley,Jarrell 和 Kim(1984)使用方差分析检验了行业间资本结构差异的显著性,发现行业是影响杠杆的重要因素,能够解释杠杆横截面变化的 54%,在排除了规制行业外仍然能够解释 25%的变化,行业间杠杆比例均值的差异大于行业内企业间杠杆的差异[107]。Kester

（1986）比较了美国和日本企业的资本结构差异，发现资本结构的影响因素存在着显著的行业效应[87]。

国内学者对资本结构影响因素的研究也大多得出类似的结论，认为行业是影响公司资本结构的一个重要因素（陆正飞和辛宇，1998；郭鹏飞、杨朝军和孙培源，2004；童光荣、胡耀亭和肖作平，2005；黄辉和王志华，2006；姜付秀、刘志彪和李焰，2008；徐莎，2010）[2,108-112]。

三、公司基本特征因素

资本结构理论大多是从公司的基本特征考虑的，公司基本特征对资本结构具有重要影响，其中影响资本结构比较重要的公司基本特征主要有以下几个。

1. 公司规模

权衡理论认为，最优资本结构是公司负债利息抵税作用和财务危机成本之间权衡的结果，财务危机成本越低，企业资本结构水平就会越高。Warner（1977）研究表明，大规模企业的规模经济能够降低直接破产成本里的固定成本，因此大规模企业的破产成本比小规模企业相对要小[113]。Titman 和 Wessels（1988）认为，大公司更倾向于多元化经营以降低风险，多元化经营可以降低公司的破产成本，企业破产概率也较低，能够承受较多的负债[114]。Fama 和 Jensen（1983）从代理理论的视角发现，大公司能够以较低的成本向债权人提供更多的信息，监督成本较小，有利于提高其借贷能力，公司规模与资本结构正相关[115]。Ozkan（2001）、Bevan 和 Danbolt（2002）等的实证研究以销售收入的自然对数表示公司规模，也发现公司规模对资本结构水平正向影响的证据[116-117]。然而，Rajan 和 Zingales（1995）认为，公司规模越大，信息不对称程度就越高，规模大的公司会倾向于股权融资，公司规模与资本结构负相关[88]。同时，Kester（1986）发现公司规模与资本结构之间的关系并不显著[87]。Booth，Aivazian 和 Demirguc-Kunt 等（2001）以销售收入的自然对数/100 表示公司规模研究其对资本结构的影响，通过对 10 个发展中国家公司进行研究，并没有得出一致的结论[89]。

我国学者对国内上市公司的公司规模与资本结构关系的研究和国外研究结论类似，并未得出一致的结论，大致可以划分为正相关（洪锡熙和沈艺峰，2000；陈维云和张宗益，2002；肖作平，2004；苏冬蔚和曾海舰，2009；Huang 和 Song，2006；冯根福、吴林江和刘世彦，2000）[3-5,104,118-119]、负相关（王娟和杨凤林，2002）[120]和不显著相关（陆正飞和辛宇，1998）[2]三种类型，其中以第一种类型的研究结论居多。

　　2. 资产可抵押价值

　　信息不对称理论认为,公司和债权人的信息是不对称的,债权人相对于公司处于信息劣势地位,而公司可用于担保的有形资产可以降低债权人信息劣势所带来的风险,资产可抵押价值也必然会影响公司的借贷能力,进而影响公司的资本结构。Myers 和 Majluf(1984)认为,公司各类资产抵偿负债的能力是不同的,有大量抵押价值的资产作保证,公司的信用水平就较高,进行债务融资的风险就较小,银行也就乐意给这类公司贷款,因此公司就越有能力取得债务资金[82]。Rajan 和 Zingales(1995)对 7 个工业化国家的资本结构进行了研究,以固定资产占总资产的比例衡量资产可抵押价值,发现资产可抵押价值与公司资本结构显著正相关[88]。Booth,Aivazian 和 Demirguc-Kunt 等(2001)对 10 个发展中国家资本结构的研究表明,以(总资产－流动资产)/总资产衡量的资产可抵押价值与长期资产负债率正相关,与总资产负债率负相关,说明随着资产可抵押价值的升高,长期负债对短期负债的替代作用大于1[89]。Bevan 和 Danbolt(2002)以固定资产/总资产衡量资产可抵押价值,也得出其与资本结构显著正相关的结论[117]。然而,Titman 和 Wessels(1988)使用(存货＋固定资产)/总资产衡量资产可抵押价值以及用无形资产/总资产反向衡量资产可抵押价值,并没有发现资产可抵押价值显著影响公司资本结构的证据[114]。

　　在国内,肖作平(2004)、苏坤和杨淑娥(2009)使用(存货＋固定资产)/总资产来衡量资产可抵押价值,发现资产可抵押价值与公司资本结构显著正相关[5,121]。Huang 和 Song(2006)发现有形资产比例(固定资产/总资产)对公司资本结构具有显著正向影响[118]。陆正飞和辛宇(1998)、陈维云和张宗益(2002)使用(存货＋固定资产)/总资产衡量资产可抵押价值,并没有发现资产可抵押价值显著影响资本结构的证据[2,4]。冯根福、吴林江和刘世彦(2000)的研究也表明资产可抵押价值与资本结构间的关系不显著[119]。苏冬蔚和曾海舰(2009)使用(固定资产总额－累计折旧－固定资产减值准备)/总资产衡量资产可抵押价值,也没有得出资产可抵押价值影响公司资本结构的一致结论[104]。然而,王娟和杨凤林(2002)却发现资产可抵押价值对公司资本结构产生负向的影响[120]。

　　3. 公司盈利能力

　　融资优序理论认为,公司首先应使用内源融资,盈利能力越强的公司留存收益较多,基本能够满足公司的大部分融资需求,公司也就很少使用外部的负债融资,盈利能力与公司资本结构负相关(Myers 和 Majluf,1984)[82]。Kester(1986)使用多个指标衡量资本结构,发现公司盈利能力与资本结构显著负相关[87]。Titman 和 Wessels(1988)[114]及 Friend 和 Lang(1988)[40]对美国、Ozkan(2001)[116]对英国、Rajan 和 Zingales(1995)[88]对 7 个工业化国家以及 Booth,Aivazian 和 Demirguc-Kunt 等(2001)[89]对 10 个发展中国家公司的研究都得出了类似的结论。他们研究认为,公司盈利能力对资本结构具有显著的负向影响,与融资优序理论相一致。

在国内,陆正飞和辛宇(1998)[2]、洪锡熙和沈艺峰(2000)[3]使用净利润/主营业务收入来衡量公司盈利能力,发现其与资本结构显著负相关。冯根福、吴林江和刘世彦(2000)使用主成分分析法发现盈利能力因子与资本结构显著负相关[119]。陈维云和张宗益(2002)[4]、Huang 和 Song(2006)[118]、苏冬蔚和曾海舰(2009)[104]使用总资产报酬率衡量盈利能力也得出了类似的结论。王娟和杨凤林(2002)使用多个表示盈利能力的指标得出了不一致的研究结论,内部留存收益与公司资本结构显著负相关(与融资优序理论相一致),净资产收益率(ROE)与资本结构显著正相关(笔者认为 ROE 是衡量财务拮据风险较低的盈利性指标,与权衡理论相一致),而主营业务资产收益率对公司资本结构的影响不显著[120]。

4. 公司成长性

公司成长性的提高会导致债务代理成本的增加,因为高成长性的公司往往风险也较大,投资成功债权人只能享受固定的收益,而投资失败债权人将承受巨大损失。出于资产安全性的考虑,债权人会主动限制对高成长性公司的借贷。同时,公司为了保持它们的成长机会(一旦公司破产就会损失这些成长机会),也会主动限制它们的杠杆(Myers 和 Majluf,1984)[82]。Rajan 和 Zingales(1995)使用资产的市场价值与账面价值之比衡量公司成长性对 7 个工业化国家的资本结构,发现其与资本结构显著负相关[88]。Booth,Aivazian 和 Demirguc-Kunt 等(2001)[89]用资产的市场价值/账面价值来衡量公司成长性对 10 个发展中国家的研究以及 Bevan 和 Danbolt(2002)[117]对英国的研究都得出了类似的结论。然而,Titman 和 Wessels(1988)使用资本支出/总资产、总资产增长率和研发费用/销售收入同时衡量公司成长性,发现成长性与公司资本结构并不存在显著的相关关系[114]。

鉴于国内学者对成长性衡量指标的不同,研究结论也不完全一致。王娟和杨凤林(2002)[120]、肖作平(2004)[5]、Huang 和 Song(2006)[118]使用托宾 Q 值作为公司成长性指标,发现成长性对资本结构具有显著的负向影响。陆正飞和辛宇(1998)使用(期末总资产－期初总资产)/期初总资产衡量公司成长性,发现公司成长性与资本结构并不存在显著的关系[2]。洪锡熙和沈艺峰(2000)使用过去 3 年内主营业务收入增长的平均数来代表公司成长性,也没有发现其显著影响公司资本结构的证据[3]。冯根福、吴林江和刘世彦(2000)使用主成分分析法衡量公司成长性也发现其与资本结构没有显著的关系[119]。另外,陈维云和张宗益(2002)以 EBIT 增长率、总资产增长率代表公司成长性,却发现了公司成长性与资本结构显著正相关的证据,他们认为是由于在我国成长越迅速的企业资金需求量越大,越倾向于使用相对容易取得的负债融资所导致的[4]。苏冬蔚和曾海舰(2009)使用托宾 Q 值衡量公司成长性也得出了公司成长性与资本结构显著正相关的结论[104]。

5. 非债务税盾

非债务税盾指不减少公司现金流却能减少企业所缴纳税收的项目,常见的如企业的折旧项目和享受税收优惠的投资等。DeAngelo 和 Masulis(1980)研究认为,非债务税盾减轻了企业债务融资利息费用抵税的作用,非债务税盾与公司负债水平负相关[91]。Ozkan(2001)的实证研究也支持了非债务税盾与公司资本结构负相关[116]。但 Bradley,Jarrell 和 Kim(1984)却得出了非债务税盾与资本结构显著正相关的结论,他们认为可能是由于非债务税盾是企业安全资产的一个工具变量所导致的[107]。另外,Titman 和 Wessels(1988)使用多个指标衡量非债务税盾,得出了非债务税盾与资本结构不相关的结论[114]。

在国内,冯根福、吴林江和刘世彦(2000)使用主成分分析法发现非债务税盾对资本结构具有显著的负向影响[119]。王娟和杨凤林(2002)使用折旧/总资产衡量非债务税盾,发现非债务税盾与资本结构显著负相关[120]。Huang 和 Song(2006)使用(折旧＋待摊费用)/总资产衡量非债务税盾,发现其对资本结构具有显著的负向影响[118]。苏冬蔚和曾海舰(2009)使用(累计折旧＋待摊费用、递延资产及开办费)/总资产作为非债务税盾的替代变量,也得出了非债务税盾显著负向影响公司资本结构的证据[104]。肖作平(2004)使用折旧/总资产作为非债务税盾的替代变量,没有发现其显著影响资本结构的证据[5]。

四、公司治理因素

资本结构决定了企业资本各要素之间以及与企业其他各要素所有者之间契约关系的制度安排,公司治理会对公司资本结构产生十分重要的影响。尤其是 20 世纪 80 年代以来,随着资本结构控制权理论的发展,资本结构作为公司治理工具的观念不断深入人心,以至于 Hart(1995)认为,公司治理的一个重要问题就是设计出合理的融资结构,以构建合理的激励约束机制[7]。这里重点从涉及资本要素的管理层持股比例、股权集中度、实际控制人等方面阐述其对公司资本结构的影响。

1. 管理层持股比例

管理层在资本结构决策中扮演着重要角色,公司资本结构也必然会受到管理层机会主义的影响(Demsetz,1983)[42]。Harris 和 Raviv(1988)以及 Stulz(1988)从控制权的视角分析了管理者如何通过资本结构来影响对公司的控制权(持股比例),为了增强控制权,管理者一般会提高负债比例以最大化个人利益,管理者持股比例应与资本结构正相关[83-84]。Berger,Ofek 和 Yermack(1997)的实证研究也验证了管理者通过使用杠杆来扩张其权益投票力的理论分析,CEO 持股比例与资本结构正相关[122]。Kim 和 Sorensen(1986)则从代理成本的视角分析并实证检验得出了管理层持股比例与资本结构正相关的结论[123]。Amihud,Lev 和 Travlos(1990)的研究也认为管理层持股对资本结构具有正向的影响[124]。Short,Keasey 和 Duxbury(2002)通过对英国公司的研究发现管理层持股与资本结构显著正相关,并且这种正相关关系由于外部大股东的存在而减弱[125]。然而,随着管理层持股比例的增加,管理者"堑壕效应"增大,负债比例的增加加大了公司破产的可能性(一旦公司破产,管理者将享受不到控制权收益,承受较大成本)和限制了管理者对现金流量的使用(债务利息的支付强制迫使公司吐出现金流),管理层有降低负债比例的动机。Friend 和 Lang(1988)实证发现,管理层持股比例与公司资本结构显著负相关,他们认为这可能是由于管理者比其他投资者有更大的不可分散风险所导致的[40]。Jensen,Solberg 和 Zorn(1992)[126],Firth(1995)[127]以及 Mohˊd,Perry 和 Rimbey(1998)[128]的实证研究也发现管理层持股与资本结构是负相关的。同时,Nam,Ottoo 和 Thornton(2003)研究发现管理层持股比例与资本结构之间并没有显著的相关关系[129]。

上述研究表明,无论是从理论还是实证分析上,管理层持股比例与公司资本结构之间的关系都不尽一致,这一方面说明管理层持股比例是影响资本结构的一个重要因素,另一方面表明管理层持股比例对资本结构的影响可能是混合的,管理层持股比例与资本结构之间的关系也可能是非线性的。Brailsford,Oliver 和 Pua(2002)的实证研究发现,管理层持股比例与资本结构之间是一种倒 U 形的关系,当管理层持股比例较低时对资本结构是一种正向影响,当管理层持股比例较高时对资本结构是一种负向影响,其中拐点在 49%左右[130]。Florackis 和 Ozkan(2009)使用英国公司的大样本数据发现管理层所有权与资本结构之间是倒 U 形的非线性关系,拐点大概在 29%左右,且这种关系在公司治理水平较低的公司更为显著[131]。

国内学者对管理层持股比例与资本结构之间关系的研究结论也不一致。顾乃康和杨涛(2004)的实证研究发现管理者持股比例与公司资本结构显著正相关[30]。而胡国柳和董屹(2005)的实证研究表明经理人员持股对资本结构具有显著的负向影响[32]。曹廷求和孙文祥(2004)将管理层细分为董事长和总经理,发现董事长持股比例与资本结构显著负相关,而总经理持股比例与资本结构的关系不显著[31]。同时,肖作平(2004)以深市上市公司为研究对象发现管理层持股比例与公司资本结构负相关,但不具有统计显著性[29]。

2. 股权集中度

从理论上来讲,股权的集中在公司治理中扮演着双重角色,相应地对资本结构的影响也是混合的。一方面,股权的集中能够减少小股东的“搭便车”现象,能够监督管理者,缓解股东与管理者之间的代理冲突。如果负债能够发挥约束管理者机会主义行为的治理作用,大股东就有动机来扩大负债融资以约束管理者,股权集中度与债务比率正相关。Friend 和 Lang(1988)认为,公司大股东比管理者拥有更为多元化的投资组合,其承受风险的能力大于管理者,大股东追求更高的负债比率以发挥债务的纪律约束作用[40]。Firth(1995)研究发现,外部大股东持股比例与资本结构显著正相关[127]。Berger,Ofek 和 Yermack(1997)发现持有公司 5%以上股份大股东的存在与公司资本结构显著正相关[122]。Brailsford,Oliver 和 Pua(2002)对澳大利亚的研究发现,外部大股东持股比例与资本结构显著正相关,并且其关系受到管理层持股水平的影响[130]。另一方面,大股东并不总是积极地监督管理者,而是倾向于与经理层相互勾结以获取私有收益,股权集中度应与债务比率负相关。Grier 和 Zychowicz(1994)发现外部大股东的出现与负债比率负相关[132]。Bathala,Moon 和 Rao(1994)发现在美国外部大股东持股比例与负债比率是负相关关系[133]。Short,Keasey 和 Duxbury(2002)对英国的研究发现外部大股东持股比例与资本结构显著负相关[125]。

在国内,肖作平(2004)用第一大股东持股比例与前五大股东持股比例之和来衡量股权集中度,发现股权集中度对资本结构产生显著的正向影响[29]。另外,曹廷求和孙文祥(2004)发现第一大股东持股比例对资本结构产生显著的负向影响[31]。胡国柳和董屹(2005)也发现第一大股东持股比例、前五大股东持股集中度与资本结构存在显著的负相关关系[32]。而王娟和杨凤林(2002)用第一大股东持股比例和国家股比例衡量股权集中度,发现股权集中度对资本结构并没有显著的影响[120]。Huang 和 Song(2006)也发现国家股比例对资本结构没有显著的影响[118]。

3. 实际控制人

自 La Porta,Lopez-de-Silanes 和 Shleifer(1999)提出著名的"终极产权论"以来,广大学者对股权结构的研究逐渐转到终极产权的视角上来。实际控制人的控制权与现金流权的分离产生了新的代理问题,掌握公司实际控制权的实际控制人必然会影响公司的财务决策。然而,如前所述,学者们大多关注实际控制人对公司绩效(价值)的影响,并以此来衡量实际控制人的代理问题。公司绩效(价值)是一系列公司决策的综合反映,对于实际控制人是如何通过影响公司的财务决策来影响公司绩效(价值)的目前还并不清楚。而目前关于实际控制人对资本结构影响的研究还比较少,且不够深入。Du 和 Dai(2005)利用 9 个东亚国家的资料分析了实际控制人的两权分离影响资本结构的三种效应:负债融资的控制权非稀释效应、信号效应和资产转移效应[134],认为由于实际控制人仅以较小的现金流权就掌握了公司的控制权,在存在实际控制人时,负债融资的控制权非稀释效应更为强烈(因为股权融资会导致实际控制人控制权的稀释,进而影响其对公司的控制);信号效应是指由于债务融资的治理功能,债务融资会向外界传递一种公司治理状况良好的信号,实际控制人在控制权与现金流权分离较大的情况下可能通过负债融资向外界传递一种不会侵占公司利益的信号;资产转移效应是指实际控制人可能通过从公司转移资产侵占公司利益,而当负债较高时,公司就可能受到更严格的监管,同时由于负债本息偿还的刚性约束,实际控制人会避免公司发行更多的负债。研究结果表明,两权分离度与公司资本结构显著正相关,支持了前两种效应,对此又进行了进一步的区分,发现实际控制人两权分离对资本结构的正向影响主要是控制权非稀释效应所导致的,而信号效应并不明显。Bunkanwanicha,Gupta 和 Rokhim(2008)分析泰国和印度尼西亚的资料发现,在较弱的制度环境和公司治理环境下,负债融资扩大了公司可控制的资源,便利了实际控制人的攫取行为[135]。Bany-Ariffin(2010)分离了金字塔结构下资本结构的驱动要素,发现在金字塔结构下实际控制人的"控制权非稀释动机"对其所控制公司的资本结构起主导作用[136]。Lin,Ma 和 Malatesta 等(2011)则研究了实际控制人两权分离程度对公司借贷成本的影响,发现两权分离程度增加了公司的借贷成本[137]。

国内学者近几年来也逐渐涉及实际控制人与资本结构关系的研究。金雪军和张学勇(2005)认为,过度融资是实际控制人侵害中小股东的四大机制之一,在金字塔股权结构下,即使出现债务违约也不会给实际控制人造成多大的危害,反而增加了实际控制人可控制的资源,便利于其发生侵占行为[138]。孙健(2005)通过构建模型表明,实际控制人的存在提高了债务比例和控制权私利行为[139]。邹平和付莹(2007)使用上证 180 指数样本中的 52 家公司研究发现,实际控制人的控制权与资本结构显著正相关,现金流权与资本结构显著负相关;但他们的研究样本量较小,研究结果的可靠性值得怀疑[140]。韩亮亮和李凯(2008)使用 91 家民营上市公司的资料研究发现,终极控制权一致性与资本结构显著正相关,控制权与现金流权分离度与资本结构负相关,资本结构决策本身就存在着代理问题[141]。孙健(2008)以沪市上市公司为样本,选取 30%的控制权标准,研究发现实际控制人两权分离程度与债务比例显著正相关,但实际控制人选取债务融资的目的是为了获得债务融资扩大的现金资源,而不是控制权非稀释效应,独立董事能够抑制实际控制人的这种行为[142]。

2.2.3　资本结构理论及其影响因素实证研究小结

按照资本结构理论的发展将其划分为三个阶段,对三个阶段的著名资本结构理论进行了系统介绍。这三个阶段,尤其是第三阶段的资本结构理论为本研究奠定了重要的理论基础。在资本结构理论蓬勃发展的基础上诞生了大量的相关实证研究,这里从宏观因素、行业因素、公司基本特征因素以及公司治理因素等四方面对公司资本结构的影响因素实证研究成果进行了系统的回顾和梳理。从文献回顾中可以看出,对于各方面因素如何影响公司资本结构还没有得出一致的研究结论,研究还有待深入。对市场化环境影响资本结构的研究成果相对较少,仅有的少数研究也都是基于国际背景下比较不同国家的市场化环境差异对公司的影响,而缺少对一个国家内部不同地区市场化环境差异的研究。在资本结构的公司治理影响因素方面,传统的公司治理(包括从管理层和直接控股股东两方面)影响因素的研究硕果累累,而对从实际控制人视角的研究才逐渐崭露头角,还缺乏对这方面深入系统的研究。

2.3 市场化环境研究综述

2.3.1 市场化环境研究内容

制度与产权安排对于经济行为的重要性是现代企业理论的重要内容。制度是整个社会的博弈规则,是共存的、约束人们相互行为的背景条件,是对人们决策集合的限制(North,1990)[34]。制度环境影响着市场参与者的动机,进而影响其相关的行为决策。市场化环境是制度环境的重要组成部分,它既可以通过直接影响公司的融资行为来影响资本结构,也可以通过企业的内部动力机制间接影响公司资本结构。在不同的市场化环境下,企业有关融资的内部运行机制对环境的适应程度不同,进而影响企业的融资行为。La Porta,Lopez-de-Silanes 和 Shleifer 等(1998)将法律环境引入公司治理的研究中,揭示了不同法源对投资者保护和公司治理的影响,开创了法与金融研究的新视角[35]。Rajan 和 Zingales(1995)对西方 7 个工业化国家从税收、破产法律、银行和证券市场发展、所有权和控制模式等制度背景方面分析了相关的融资制度背景[88]。Demirguc-Kunt 和 Maksimovic(1999)使用 30 个国家的资料分析了金融市场、法律制度、政府补贴等市场化环境因素对融资选择特别是债务期限结构的影响[143]。La Porta,Lopez-de-Silanes 和 Shleifer 等(2002)进一步研究,说明了一个国家的投资者法律保护环境越好,该国公司中控股股东谋取私利的不当行为遭受法律制裁的可能性就越高,其实施"掏空"行为的成本就越大,因此发生控股股东攫取中小股东行为的概率就越低,公司价值也就越高[36]。Dyck 和 Zingales(2004)分析了 39 个国家的大额股票交易,并以投资者权利、信息披露和执法程度这三项指标来代表法律制度,发现较强的投资者保护有助于降低控制权私人收益[37]。Giannetti(2003)研究了法律制度、金融发展在公司融资选择中的作用,发现制度在减轻融资代理问题中发挥着重要作用,股票市场的不发达程度与高杠杆相联系,债权人权利保护和更严格的制度执行力与更高的杠杆以及更多的长期负债相联系[144]。Cheng 和 Shiu(2007)使用 45 个国家的样本发现,投资者保护是影响公司资本结构的一个重要因素,对债权人保护较好的国家的杠杆水平较高,而对股东权益保护较好的国家则使用更多的权益融资[145]。Vasiliou 和 Daskalakis(2009)研究了制度环境差异对影响资本结构的公司特征因素(如信息不对称、代理成本等)的影响,并通过分析希腊和欧洲其他国家、美国公司资本结构的差异,认为市场化制度环境差异是影响资本结构的一个重要因素[146]。Fan，Twite 和 Titman (2010)使用 39 个国家的数据研究了市场化制度环境对资本结构以及负债期限结构的影响，发现对投资者保护较好的国家的公司使用较少的负债和较长的债务期限水平[147]。由此可见，国外对市场化制度环境的研究大多是跨国研究，基于国与国的市场化制度环境差异，使用国别差异来计量市场化制度环境差异，进而研究市场化制度环境差异对公司治理以及公司融资的影响。但是基于跨国的这些研究有一个很明显的缺陷就是很难控制各国破产法规、会计准则和税收制度等方面存在的差异。

在国外市场化制度环境研究的影响下，国内学者基于我国各地区的市场化制度环境差异，对市场化制度环境也进行了部分研究。对于各地区市场化制度环境的差异一直缺乏一个可靠有效的计量指标，单纯依据地理位置差异还不足以刻画各地区的这种差异。为此，国内学者进行了大量尝试，最典型的就是中国经济改革研究基金会国民经济研究所樊纲、王小鲁和朱恒鹏的一系列开拓性研究，描绘了各地区的市场化进程相对指数，其研究成果可参阅樊纲、王小鲁和朱恒鹏(2010)的著作(文献[38])。夏立军和方轶强(2005)发现政府控制尤其是低层级政府控制对公司价值会造成显著的负面影响，而市场化进程的改善(市场化程度越高、政府干预越少、法治水平越高)有助于降低这种负面影响[148]。孙铮、刘凤委和李增泉(2005)研究发现，市场化进程越高的地区长期债务越少，并且这种影响主要是由政府干预的不同造成的[149]。方军雄(2006)发现，市场化进程的深入有利于资本配置效率的改善[150]。罗党论和唐清泉(2007)研究发现市场环境的改善有助于减轻控股股东的"掏空"行为，地区政府干预程度越小、金融市场越发达，越不会发生控股股东的"掏空"行为[151]。李丹蒙和夏立军(2008)发现市场化进程对于非国有公司的 R&D 强度具有显著的正向影响，而对于国有公司的 R&D 强度没有显著影响[152]。郝颖和刘星(2010)进一步研究了市场化进程对于公司 R&D 强度的正向影响，并考虑了不同控制特征下的差异[153]。罗党论和唐清泉(2009)研究发现我国民营上市公司所处的市场化制度环境会影响其政治参与的动机，产权保护比较差、政府干预程度比较严重和金融市场发展落后地区的民营上市公司更可能去建立政治关系[154]。苏坤、张俊瑞和杨淑娥(2010)研究发现，完善的法律环境有助于降低公司的财务风险，并能够减轻实际控制人控制权与现金流权分离程度所导致的公司财务风险[155]。廖义刚、张玲和谢盛纹(2010)发现非政府控制公司被出具持续经营审计意见后，公司银行贷款水平显著下降，并且这种负相关的关系受到市场化制度环境的调节(市场化进程较快、金融发展水平高和法治水平高时,负向关系更强)[156]。Jian 和 Wong(2010)发现在中国制度环境较差(市场化落后、政府干预严重)的地区,公司间的关联交易更为明显[157]。除了以上借鉴樊纲、王小鲁和朱恒鹏编制的市场化指数系列指标来衡量市场化制度环境外,王鹏(2008)通过构造投资者保护指标,发现对投资者保护水平的提高有利于提高公司绩效,并且这种关系在国有控股公司更显著[158]。沈艺峰、肖珉和林涛(2009)通过问卷调查的方法构造了投资者保护执行情况指标,发现投资者保护执行指数对公司负债比率和负债/权益比率具有显著的负向影响,对投资者保护的执行情况是影响公司资本结构的重要因素[159]。

2.3.2 市场化环境研究小结

国外学者基于各国之间的市场化制度环境差异,对市场化制度环境进行了大量研究,但这种研究方法有一个很明显的缺陷,就是很难控制各国破产法规、会计准则和税收制度等方面存在的差异。近年来,国内学者已经意识到市场化制度环境对公司财务行为的重要意义,并从多个方面检验了市场化制度环境的经济后果,但对有关市场化制度环境对公司资本结构(融资行为)影响的研究相对较少,且不够系统、深入,这也正是需要从市场化环境的视角研究其对资本结构影响的意义所在。

2.4 文献述评与研究启示

在对本研究的三个主体要素:实际控制人、资本结构和市场化环境进行文献综述的基础上,需要对相关文献进行评述。通过比较国内外的研究差异,剖析目前研究中的不足之处,从而得出有益的研究启示。

2.4.1 文献述评

通过相关文献综述可以看出,实际控制人在世界范围(包括中国)内都是普遍存在的,股权分散的假设不符合现实情况,股权集中或相对集中则是世界范围内公司的一个常态,在此基础上提出从实际控制人的视角研究公司治理与公司财务问题更为科学合理的推断。目前关于公司治理的研究大多是以股权分散为基础的传统公司治理研究,而以股权集中为背景的研究也大多是从直接控股股东(第一大股东)的视角进行的。对于实际控制人的代理问题,广大学者从直接衡量代理成本和以公司绩效(价值)来间接衡量代理成本两方面进行了广泛的研究,但对实际控制人如何影响公司绩效(价值)的中间路径尚不清楚,对此的研究相对较少。国内学者近年来逐渐涉足有关实际控制人的研究,但以借鉴和模仿国外研究为主,缺乏考虑中国特殊制度背景的相关研究。

资本结构理论是指关于企业融资方式的选择以及是否存在使企业价值最大化的资本结构问题的理论。对资本结构理论问题的研究经历了资本结构理论、现代资本结构理论和新资本结构理论三个阶段,这三个阶段尤其是第三个阶段的新资本结构理论为本研究奠定了理论基础,有关资本结构控制权的理论是本研究的一个重要理论基础。在资本结构理论蓬勃发展的基础上,广大学者从宏观因素、行业因素、公司基本特征因素以及公司治理因素等方面对资本结构的影响因素进行了考察,但各种因素对资本结构的影响还没有一致的结论,出现矛盾的方面较多,研究还有待进一步地系统和深入。在与本研究相关的制度背景方面,相关研究成果相对较少,仅有的少数研究也都是基于国际背景下比较不同国家的市场化制度环境差异对资本结构的影响,而缺少对一个国家内部不同地区间市场化制度环境差异影响公司资本结构的研究。在资本结构的公司治理影响因素方面,对传统的公司治理(包括从管理层和直接控股股东两个方面)影响因素的研究硕果累累,而对从实际控制人视角的研究才崭露头角,还缺乏对这方面深入系统的研究。

制度与产权安排对于经济行为的重要性是现代企业理论的重要内容,它影响着市场参与者的动机及行为决策。国外学者基于国与国之间的制度环境差异,使用国别差异来计量制度环境差异,对制度环境差异如何影响公司治理及公司融资行为进行了跨国研究,但还缺乏对一国内不同地区间市场化制度环境差异的研究。基于跨国的研究很难控制各国在破产法规、会计准则和税收制度等方面所存在的差异,研究结果具有很大的"噪声"。国内学者基于我国各地区间的市场化制度环境差异,从多个方面检验了市场化制度环境的经济后果,但有关市场化环境对公司资本结构(融资行为)影响的研究相对较少,且不够系统、深入。

总之,国内外学者对资本结构影响因素进行了大量的研究,但研究结论并不一致。特别是缺乏考虑一国内具体市场化制度环境的研究,从实际控制人的视角对资本结构影响因素的研究更少。国内学者在西方学者对资本结构理论和实证研究的基础上对我国公司也进行了大量研究,与西方学者的研究结论存在一定差距,其根本原因就是西方学者的研究缺乏对我国特殊制度背景的考虑。

2.4.2　研究启示

现有文献为本研究提供了扎实的理论基础,而其不足则提供了研究的空间和契机。首先,现有文献对实际控制人的代理问题进行了大量的研究,发现代理问题造成了严重的经济后果,损害了公司绩效(价值)。从代理问题到公司绩效(价值),一个自然而然的问题就是其中的路径是什么。融资与代理是紧密相连的,这也是从实际控制人的视角进行研究的初衷。其次,从资本结构的现有研究来看,公司治理对资本结构产生了重要的影响,而对于实际控制人的研究是公司治理的研究前沿,将二者结合起来也就顺理成章了。最后,现有关于市场化制度环境的研究大都是基于跨国的研究,缺乏对一国内不同地区间市场化制度环境差异的研究,而我国幅员辽阔,各地区间经济、文化和社会环境等存在较大差异,市场化进程也不相同。在此情况下,一个有益的启示就是我国各地区间的市场化制度环境差异也必然会反映在公司的融资行为(资本结构)上。同时,不同地区间市场化制度环境的差异也会对实际控制人的代理问题产生影响。也就是说,市场化制度环境对公司融资行为(资本结构)的影响可能会通过实际控制人的代理问题来间接传导。现有的问题是人们往往关注直接效应而对这种间接效应考虑甚少。因此,本研究将实际控制人、市场化环境和资本结构三者结合起来,综合考虑实际控制人、市场化环境及其交互作用对公司资本结构的影响。

2.5　本章小结

本章从实际控制人存在的普遍性及其代理问题、资本结构理论及其影响因素实证研究、市场化环境相关研究三方面对国内外相关文献进行了系统的回顾和述评。通过回顾文献,可以明确实际控制人在世界范围内都是普遍存在的,从实际控制人的视角来研究公司治理与公司财务问题才更为科学合理。有关资本结构的理论众多,为本研究提供了理论基础。在资本结构理论的指导下,国内外学者进行了大量的实证研究,但研究结论尚不一致,国内学者的研究结论与西方研究结论相差较大,根本原因在于考虑了中国具体、特殊的国情。国外学者基于跨国研究对市场化制度环境进行了一定的研究,但还缺乏对一国内不同地区间市场化制度环境差异的研究。国内学者结合我国各地区间市场化制度环境的差异对市场化制度环境进行了一定的研究,但对国内市场化制度环境差异如何影响资本结构的问题研究甚少。在此基础上,本研究对相关文献进行了述评,总结其研究不足与局限,得出了对本书有益的研究启示,提出本书的研究主体。

　　总之,对现有文献的回顾与述评,为本书的研究提供了坚实的基础,也启发了本研究的创新点和研究空间。

第3章 概念模型与研究假设

结合本书的主要研究问题,在对已有研究成果进行系统回顾和评述的基础上,本章将对研究的概念模型的主要要素:实际控制人、市场化环境和公司资本结构三方面进行详细的阐述,并在理论分析的基础上提出本书的概念模型。最后在概念模型的指导下,仔细分析、讨论模型各要素具体变量之间存在的逻辑关系,进而提出本书的研究假设。

3.1 模型要素

3.1.1 实际控制人

实际控制人的概念是 La Porta,Lopez-de-Silanes 和 Shleifer(1999)[13] 在研究全球所有权结构问题时首先提出的,主要包括实际控制人所有权(现金流权)、控制权(投票权)和控制权与现金流权分离程度等核心概念。根据他们的定义,实际控制人是指通过向上层层追溯公司的所有权控制链条,找出位于控制链条的最顶端并拥有最多投票权的主体。实际控制人在有的文献中也称为最终控股股东、终极控制股东和终极所有者等。根据文献综述,可知实际控制人在世界范围内都是普遍存在的,主要通过金字塔结构、交叉持股和发行多重股票等方式来增强自己的控制权。

实际控制人概念与控股股东概念之间具有比较紧密的联系,也存在着一定的区别。控股股东是指持有一定比例的公司股份,能在相当大的程度上影响公司决策的股东。控股股东有狭义和广义之分,狭义控股股东往往指公司的第一大股东,也就是公司的直接控股股东,包括相对控股股东和绝对控股股东等形式。而广义的控股股东除包括狭义控股股东外,还包括通过金字塔结构、交叉持股和发行多重股票等方式间接控制公司的实际控制人。

参照 La Porta,Lopez-de-Silanes 和 Shleifer(1999)[13]的研究以及中国相关法律、法规的规定,本书对实际控制人的定义如下:处于公司控制链条最顶端不再被其他公司或个人所控制,并且直接或间接持有的公司控制权之和超过其他股东的控制权之和,能够决定公司的财务和经营政策且能够从中获取利益的自然人、国有资产监管机构、政府机构以及其他组织等主体。进行上市公司终极控制权的追溯在我国具有较强的理论和现实意义,不仅可以帮助我们了解我国上市公司复杂的控制权结构,而且有助于纠正我国上市公司国有股、法人股和流通股的不合理分类标准,确定实际控制者的真正身份(刘芍佳、孙霈和刘乃全,2003)[47]。实际控制人主要具有以下几方面的基本特征。

一、控制权、现金流权及其分离程度

(1)控制权。实际控制人的控制权是指其对公司的资源或资产的实际控制或支配能力,是对公司各种决策行为的影响能力。实际控制人的控制权指实际控制人直接持有上市公司的股权以及间接持有上市公司的股权之和而形成的对上市公司的表决权(投票权)。控制权主要来自于对公司决策的投票权,投票权与所有权具有紧密的联系,但并非等同于所有权。二者主要存在以下区别:①存在一些对公司具有一定控制权而没有所有权的行为主体;②并非所有的股票都具有投票权,如优先股等就不具有投票权,没有投票权的股份股东就不具有对公司的控制权;③对于控制权而言,可以是通过直接控制获得的,也可以是通过间接控制而获得的。

(2)现金流权。本书所称的现金流权即通常所说的所有权,指实际控制人对公司所创造的收益(现金流量)的占有权,即能够从公司的经营利润中分配的份额,是从法律事实的角度拥有企业程度的一种状态。现金流权往往被认为是实际控制人激励效应的一个表征(Claessens,Djankov 和 Fan 等,2002)[24]。

(3)控制权与现金流权的分离程度。这指实际控制人的控制权超过现金流权从而造成两权分离的现象。此处的两权分离是与在传统公司治理视角下,经理层掌握控制权而股东拥有所有权而导致的两权分离现象相对应而言的。实际控制人通常通过金字塔结构、交叉持股以及发行双重股票等方式来增强控制权,实际控制人的控制权与现金流权的分离程度通常被认为是实际控制人代理成本大小、获取私有收益动机的表征变量(Claessens,Djankov 和 Fan 等,2002)[24]。

二、实际控制人产权性质

产权性质是按照实际控制人的产权属性来划分的。不同实际控制人产权性质的公司,其委托代理关系及利益取向存在较大的差异,进而对上市公司的融资决策(资本结构)的影响也不一样。La Porta,Lopez-de-Silanes 和 Shleifer(1999)[13] 将实际控制人划分为 6 种类型:无控股股东(股权分散型)、家族或个人、政府、广泛持有的金融机构、广泛持有的公司与其他控制主体等。我国上市公司的股权主要划分为国有股、法人股和流通股,这种把法人股同国有股和流通股并列起来视为一个独立的持股主体的分类方法,一个重要缺陷就是没能清楚地表明法人股本身的股权特性(苏坤和杨淑娥,2008)[160]。因为法人同样存在着控制人实体,而这些实体可能具有不同的目标和动机,将它们统一划分为一类可能会导致错误的研究结论(Chen,Firth 和 Xu,2009)[161]。通过对法人的控制人进行进一步的向上追溯,才能真正了解其背后的实际控制人身份。从终极产权的视角进行控制权的追溯并对实际控制人进行重新分类,有利于克服我国上市公司股权分类的局限,确定上市公司控制者的真正身份。通过追溯实际控制人的性质,本书将上市公司划分为国有和非国有控制公司。若实际控制人属于自然人、家族、民营企业、职工持股会、集体企业、外资企业、乡镇及以下级别政府部门时,定义为非国有控制公司。而当实际控制人属于政府机构、国资委、财政部门、高校(在进行样本搜集时没有发现民办高校作为实际控制人的身影)等时,定义为国有控制公司。其中对于国有控制公司,由于实际控制人行政级别的不同,又可划分为中央级政府、省级政府和市、县级政府控制。不同行政级别的政府实际控制人的价值导向和行为模式也存在着很大的不同,代理关系也不一样,进而决定着上市公司的融资决策(资本结构)。综上所述,对实际控制人产权性质的划分,首先,按照实际控制人产权性质划分为国有控制和非国有控制公司两种类型;其次,对于国有控制公司按照政府行政级别的不同进一步划分为中央级政府、省级政府和市、县级政府控制三种类型,具体如图 3-1 所示。

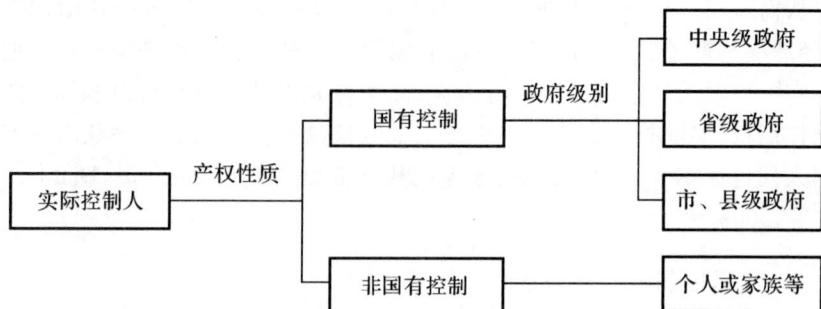

图 3-1　实际控制人产权性质分类图

三、实际控制人控制权行使方式

实际控制人控制权行使方式是指实际控制人通过什么样的方式来行使其所拥有的控制权。控制权行使方式主要包含三方面的内容：一是实际控制人对上市公司行使控制权所经历的代理链层级，即从实际控制人到上市公司中间通过多少个代理人来行使控制权，代理链层级的多少影响着实际控制人控制权行权的效率，代表着不同的代理成本，进而影响着上市公司的融资行为（资本结构）。二是指实际控制人对上市公司行使控制权所经历的代理链链条数目，即实际控制人通过多少代理链链条来控制上市公司。多链条结构与多层级结构一样，是实际控制人金字塔结构的重要特征，必然会对上市公司的融资行为产生重要的影响。三是实际控制人的控制权行使主体，即实际控制人通过什么类型的中间代理人（也是委托人）来行使控制权。这主要是针对国有控制公司而言的。一方面，政府可以直接控制上市公司，或者通过直接组建的国有资产管理（经营）机构（公司）、国有资产投资公司等进行间接控制；另一方面，政府也可以通过国有控股或独资的实业经营公司来控制。由于政府自身或其授权的国有资产管理机构（国有资产管理公司、投资公司等）在性质上都属于政府机构，因此合并称为通过国有资产管理机构控制，而后者称为通过实业公司控制。两类公司尽管同样是政府类实际控制人的代理人，但两类公司代表着不同的经济属性，在风险承担和利益分配机制、委托代理关系以及政府行为的行政干预等方面都存在着较大的差别，代理成本也不一样，对融资决策（资本结构）的影响也不尽一致。

3.1.2　市场化环境

市场化环境是制度环境的重要内容。制度是整个社会的博弈规则，是共存的约束人们相互行为的背景条件，是对人们决策集合的限制（North，1990）[34]。从社会经济层面，North 把制度定义为用于建立生产、交换和分配的政治的、社会的和法律的基本规则；从降低不确定的功能角度，又将制度定义为社会中的游戏规则，它为组织行为和社会行为以及社会主体之间的交易活动提供了稳定的规则，是用来管理人们交互行为的约束和框架，能够降低交易活动的不确定性和交易成本[34]。制度理论作为解释制度对组织行为的理论基础，具有较强的解释力，被广泛应用于有关组织行为的研究。在我国处于经济转型期的制度背景下，资本结构会受到公司内部因素和外部变迁制度环境因素的双重制约。由于历史、体制等因素的不同，我国在市场环境、融资制度等方面存在着与西方不同的市场化制度环境。市场化环境既可以通过直接影响公司的融资行为来影响资本结构,也可以通过企业的内部动力机制间接影响资本结构。在不同的制度环境下,企业有关融资的内部运行机制对环境的适应程度是不同的,进而影响企业的融资行为。自 1978 年改革开放以来,尽管我国的社会主义市场经济取得了巨大的成就,但是各地区市场化进程的不平衡现象十分突出。中国经济改革研究基金会国民经济研究所樊纲、王小鲁和朱恒鹏编制了关于中国各地区市场化进程的系列报告——《中国市场化指数》(2010)①。该报告从政府与市场的关系、非国有经济的发展、产品市场的发育程度、要素市场的发育程度以及市场中介组织发育和法律制度环境五方面对中国各省(直辖市)的市场化进展进行了描述,指出由于历史、自然环境、区域经济发展水平和社会文化等因素,我国正在形成的市场经济体制还很不完善,市场化进展程度很不平衡,还需要继续推进市场化改革。在一些东部沿海省市,市场化已经取得了决定性的进展,而在另外一些内陆省份,经济中非市场的因素还占有很重要的地位(樊纲、王小鲁和朱恒鹏,2010)[38]。各地区间市场化环境的差异可能会对上市公司的融资决策产生重要的影响,这为我们将市场化制度环境对公司融资决策(资本结构)的影响研究从跨国研究发展到一国内不同地区间的研究提供了难得的机会。

市场化进程不同,政府在经济运行中的作用大小也不同,直接影响着各地区政治关系在公司融资行为中作用的发挥。市场化进程较高的地区,政企分离程度相对较高,政府对企业经营和银行借贷行为的干预程度相对较低,融资制度更加符合市场规范,公司的融资行为也更加理性,进而对公司的资本结构发挥着重要作用。政治干预作为司法体系的一种替代,直接影响着公司的融资行为,比如通过干预可以直接帮助公司取得银行贷款(Fan,Twite 和 Titman,2010)[147],还可以通过改变公司在市场运行中的机会间接影响公司的融资行为。法律制度环境是指影响公司融资行为的法律、法规及规章的制定和执行情况。法律环境的差异对融资行为的影响是学术界在市场化制度环境里最早开始研究的方面,法律环境的差异代表着对投资者投入财产的保护程度,直接影响着各类资金提供者提供资金的意愿。同时,法律制度环境还直接规

---

① 樊纲、王小鲁和朱恒鹏分别在 2001 年、2003 年、2004 年、2007 年和 2010 年共推出了 5 个市场化进程报告。

范和制约着公司的融资行为,影响着公司各种融资方式的资本成本,进而影响着公司的资本结构。综上所述,结合理论上的分析以及数据的可获得性,本书主要研究市场化程度、政府干预程度和法律环境三方面的市场化环境变量对公司资本结构的影响。

3.1.3　资本结构

资本是所有企业的一项重要战略资源,是企业赖以生存和发展的基石。资本结构是指企业各种资本的构成及其比例关系,既可以使用绝对数额来表示,也可以使用相对数比例来反映。从资金的形成来源看,资本金可以分为权益资金和债务资金,权益资金包括所有者投入资金、留存收益和增发配股资金等,债务资金包括银行借款、公司债务以及企业间信用往来资金等;不同的资金来源代表着不同的控制权安排,反映着不同的融资风险,进而影响着公司价值(苏坤和杨淑娥,2009)[162]。具体到资本结构所包含内容的不同,资本结构又有广义和狭义之分。广义资本结构是指企业全部资金的来源构成及其比例关系,也就是资产负债表右方各项目间的组成关系(张维迎,1998)[163]。而狭义资本结构仅指企业长期债务资本与股权资本之间的比例关系(沈艺峰,1999)[164]。狭义资本结构认为只有长期债务才具有税收优惠和治理约束的功能,而将短期债务排除在外,认为短期债务是公司营运资本的一部分。由于我国上市公司短期债务在债务资金中的比重较大,普遍存在着短期债务资金长期使用的现象,短期债务资金不仅发挥着营运资本的功能,而且具有为公司提供长期资本金的功能,影响着公司的资本成本,发挥着公司治理的作用。所以对于本书而言,采用广义资本结构的概念更为合适。

资本结构与融资结构具有紧密的联系和一定的区别。融资结构指企业在一定时期内取得资金来源时,从不同渠道筹集的资金之间的构成及其比例关系。融资结构是公司进行融资行为的体现,是一个动态的融资活动过程,融资行为的最终结果就表现为融资结构。资本结构是某一时刻企业资本来源构成的一种静态反映,是一种存量结构;而融资结构是企业融资活动的动态反映,是一种流量结构;资本结构与融资结构之间的关系就是一种存量与流量的关系,流量结构决定着存量结构,存量结构反映着流量结构并同时反作用于流量结构(李义超,2003)[165],但二者都是企业融资活动选择的结果。

3.2 概念模型

公司治理理论认为公司治理的本质是解决控制权与所有权相分离而产生的代理问题(Shleifer 和 Vishny,1997)[12]。具体说来,在股权分散的情况下,公司治理要解决的是管理者掌握公司控制权、广大分散的股东掌握所有权而产生的两权分离问题;在股权集中的背景下,基于"资本多数表决原则"的制度安排,大股东拥有的控制权较高,中小股东往往存在着"搭便车"现象会放弃行使控制权,就产生了新的两权分离问题。相应地,新的两权分离问题会产生新的委托代理关系。在股权集中存在实际控制人的背景下,实际控制人相对于中小股东而言属于拥有信息优势的一方,它们往往直接参与公司经营管理,直接或间接地行使其强大的控制权,中小股东则处于信息劣势地位。信息经济学理论认为,在交易中拥有信息优势的一方为代理人,而另一方为委托人,因此在上市公司的股东层面,实际控制人是代理人,中小股东则是委托人,双方构成委托代理关系。

委托代理理论认为,委托人委托代理人根据自己的意志从事经济活动,并同时赋予代理人相应的决策权力,双方构成一种基于经济利益的契约关系。然而,代理人与委托人的目标并不完全一致,有时会存在一定程度的偏差甚至相互背离,代理人存在一定的"道德风险"和"逆向选择"动机,有可能为了自己的利益而去损害委托人的利益。在广大中小股东与实际控制人间的委托代理关系中,根据"经济人"假设,实际控制人具有增加自身利益侵害上市公司和中小股东利益的机会主义行为动机,进而获取控制权私有收益。而在面临对实际控制人获取私利行为进行监督时,由于中小股东对控股股东行为的监督具有"公共品"特征,各个股东都希望其他股东来进行监督、承担相应的监督成本,而自己则获取相关监督收益,正是中小股东这种"搭便车"心态的存在最终导致每个股东都不监督的"公共品悲剧"现象的出现。同时,在相关的投票权行使方面,中小股东在权衡收集信息、采取相关行动的高额成本与为此而获得的较小收益后,对本应积极行使的投票权往往采取"理智的冷漠"态度。实际控制人的"经济人"自利倾向与中小股东的"搭便车"心理及"理智的冷漠"态度是实际控制人控制权私利的存在基础。实际控制人获取控制权私利的典型表现就是"掏空"企业,侵占上市公司的资产,将企业的资源从上市公司转移到控制权人手中。而融资是企业最重要的资金来源之一,也就自然而然地成了实际控制人的重要掏空来源(黎来芳,2009)[166]。因此,实际控制人为了获取控制权私利具有强烈的动机去影响上市公司的融资,选择有利于自己的融资方式,进而影响公司的资本结构决策。

控制权理论认为公司控制权的是有价值的。公司控制权的价值体现在两方面:一是保持对公司的控制权,掌握公司决策的主导地位,这是控制权价值存在的基础和前提;二是控制权私利,即控制人可以通过关联方交易、转移价格、侵占公司资源等方式谋取控制权私利,主要指控制人由于掌握公司控制权而带来的额外收益。债务融资具有控制权非稀释性,而权益融资则会稀释控制人的控制权。Stulz(1988)发现,掌握公司控制权较低的管理者会通过采用负债融资的方式来增强控制权[84]。Harris 和 Raviv(1988)在分析控制权竞争与资本结构的关系时,认为资本结构的变动会影响公司所有权的分布,提高负债比率有利于管理者保持控制权,减少管理者被赶走的可能性[83]。在我国上市公司同样存在着控制权人(大股东)为了保持公司控制权而采用负债融资方式的倾向。代理人由于自身财富的限制往往也会通过负债融资来扩大其可控制的资源,同时能够保持对公司的有效控制,进而谋取更多的控制权私利(江伟和沈艺峰,2008)[167]。传统的信号理论也认为,负债融资可以被视为控制权人加强纪律约束的机制,对公司不进行侵占行为而向外界传导的一个积极信号。但是,负债融资也存在着增大公司破产风险的可能性以及限制控制人可供自由支配资源的"自由现金流"约束效应(Jensen,1986)[168]。由此可见,不同的融资方式影响着上述公司控制权价值的两方面,掌握着公司控制权的实际控制人有动机通过影响公司的融资决策来实现自身的利益。

不完全契约理论认为,交易双方在签订合同时,由于信息的不完全和未来各种情况的不确定性,契约不可能涵盖交易的所有可能状况,同时契约如果列出资产的所有权利成本将会过高,对于未在契约中明确规定如何行使的权利即为剩余控制权,剩余控制权决定了资产在契约限定的用途之外如何被使用。在不完全契约理论中,所有企业契约参与者都将获得固定收入不太现实,此时股东仅能获取按照合同支付完其他参与者报酬之后的剩余部分(张光荣,曾勇和邓建平,2007)[49]。由于股东作为出资人承担了剩余风险,理所当然应该享有剩余控制权,所有权就是对剩余权利的购买。而在金字塔持股结构的背景下,实际控制人剩余控制权的典型特征是其控制权利发生了严重膨胀。首先,从横向来看,实际控制人在股东大会层面形成了控制权大于其所有权(现金流权)的超额控制。在"一股一票"和"投票权多数决定"原则的制度安排下,当实际控制人的投票权达到一定程度后,本身即产生了控制特征,比如投票权名义上达到 50.1% 的水平就意味着可以掌握 100% 的控制权。同时,金字塔结构本身就使实际控制人的投票权与其所有权相分离,使其能够以有限的资源(所有权)撬动对公司更大的控制能力。其次,从纵向来看,实际控制人的权利范围得以延伸,从股东大会层面扩大到董事会层面和经理层面。按照《中华人民共和国公司法》的权利配置,实际控制人的权利仅限于在股东大会的层面按照"一股一票"的原则来行使投票权,进而影响公司的经营决策,发挥的是间接控制的作用。而在终极控制权的模式下,实际控制人凭借其在股东大会层面膨胀了的控制权利行使董事会选举权控制董事会人员的构成,同时通过操控董事会来决定总经理的任免。这样,实际控制人的权利边界就由股东大会层面延伸到了董事会和经理层,进而影响着董事会和经理层的决策控制权和经营控制权。横向和纵向两方面权利的叠加膨胀最终形成了实际控制人对公司有效的超额控制权。实际控制人超额有效控制权的存在使得其有足够的能力影响上市公司的融资和资本结构决策。

信息不对称理论认为,实际控制人与中小股东在有关公司决策(包括融资决策)信息的拥有方面是不对称的,实际控制人凭借其控制权往往直接参与公司的经营,属于信息的相对优势一方,它们拥有部分中小股东不能够获得的信息。而中小股东在能力方面属于"股少言微",这会导致"搭便车"以及"理智的冷漠"等现象的出现,中小股东处于信息的相对劣势一方。双方信息不对称局面的出现使得实际控制人可以便利地进行私利行为,并且很难被中小股东所发现。即使被发现,由于绝对信息优势地位实际控制人也很难受到应有的惩罚。因此,双方信息不对称的存在为实际控制人获取控制权私利行为提供了机会,为实际控制人通过影响公司的融资来实现自己的私利创造了条件。

制度理论作为解释制度对组织行为的理论基础,对企业的行为具有较强的解释力,被广泛应用于有关组织行为的研究。新制度经济学理论从市场的不完全出发,认为制度与一国的经济增长密切相关,制度的变迁会影响公司的行为,决定其交易成本的大小。制度环境对企业的行为有着重要的引导作用,制度环境是决定企业合约的重要因素。在一个不确定的制度环境尤其是在我国转型经济的市场化制度背景下,企业的融资行为不仅仅是企业的自主行为,制度环境的制约已经成为企业资本结构的内生性决定力量,我国企业资本结构的形成在很大程度上也带有体制性的特征(刘万才,2008)[169],受到各地区市场化进程的影响并随之变化而改变。由此可见,各地区市场化制度环境的差异和市场化环境的改变会对企业的融资行为产生十分重要的影响,并且这些影响最终必然会反映到公司的资本结构上来。

North(1990)在制度理论的开创性著作中认为,制度是用于建立生产、交换和分配的政治的、社会的和法律的基本规则,它是整个社会主体的博弈规则,是共存的约束人们相互行为的背景条件;制度为组织行为和社会行为制定了游戏规则,为社会主体之间的交易活动提供了稳定的规则,从经济学的角度来看制度定义和限制了人们的决策集合[34]。市场化环境作为制度环境的重要组成部分,不仅会直接影响公司的资本结构,还会通过影响交易中"人"(实际控制人)的行为来间接地对公司的资本结构产生影响,即在不同的市场化制度环境下,实际控制人对资本结构的影响程度、方式等也会存在差异,也就是说,市场化环境的差异会影响实际控制人与公司资本结构之间的关系。同时,制度理论认为,制度环境对不同"人"的经济行为的影响程度也不尽一致。相应地,对于不同的实际控制人特征而言,市场化制度环境对资本结构的影响也存在一定的差异。

以上根据公司治理理论、委托代理理论和控制权理论等分析了实际控制人具有影响公司融资决策的强烈动机,运用不完全契约理论进一步分析了实际控制人具备足够的能力通过影响公司的融资(资本结构)来达到实现私利的目的,从不对称信息理论的视角分析了实际控制人私利行为发生的机会和条件。动机、能力和机会构成了实际控制人影响公司融资决策行为发生的三要素。制度理论作为解释组织行为的重要理论基础,笔者从新制度经济学理论的视角进一步分析了市场化制度环境的差异对公司资本结构的影响机理,并进一步分析了不同市场化环境下实际控制人对资本结构间影响的差异,以及市场化环境的差异对资本结构的影响在不同实际控制人特征背景下存在差异的合理性。在上述理论分析的基础上,将实际控制人、市场化环境和资本结构三部分纳入一个统一的分析框架,提出本研究的概念模型,以此来研究实际控制人、市场化环境对公司资本结构影响的本质。具体的概念模型如图 3-2 所示。其中,实际控制人特征包括实际控制人现金流权、控制权、控制权与现金流权分离程度、实际控制人代理链层级、代理链链条数、实际控制人产权性质以及国有控制公司的政府股东特征——政府行政级别和政府实际控制人控制权行权方式等;市场化环境包括地区市场化程度、政府干预程度和法律环境等方面。

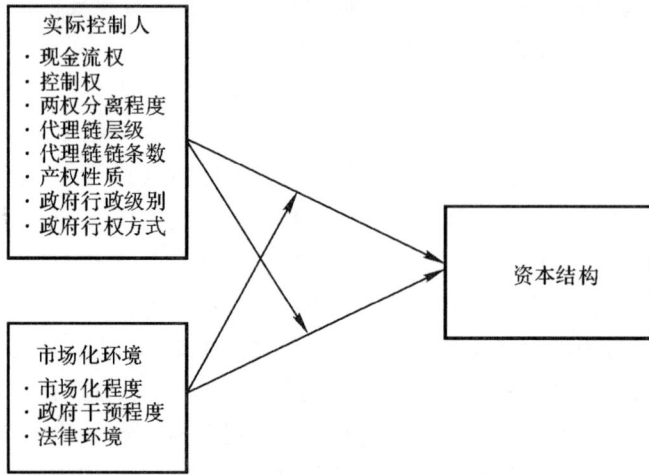

图 3-2 概念模型

3.3 理论分析与研究假设

3.3.1 实际控制人与公司资本结构之间的关系

一、现金流权、控制权及两权分离程度对资本结构的影响

在股权分散的背景下,自由现金流理论认为由于负债利息的按期支付和债务本金的到期偿还是强制性的,这样迫使公司的自由现金流流出企业,减少了管理者可以自由支配的"现金",防止了管理者对资金的"滥用",负债融资方式的使用增强了对管理者的监督力量,降低了管理层的代理成本(Jensen,1986)[168]。然而,在股权集中存在实际控制人的背景下,结合我国的现实状况,笔者认为负债融资不仅不能约束实际控制人的代理行为,反而会扩大实际控制人可控制的资源,便利其获取控制权私利的行为,实际控制人对上市公司的影响可能存在扩大负债融资的偏好。具体分析如下:

(1)由于破产风险的有限责任,股东本来就具有采取风险型负债融资行为的动机(Black 和 Scholes,1973)[170],而在存在实际控制人的背景下,这种效应得到进一步放大。这是因为对于公司而言,采取更多负债时,由于负债的财务杠杆作用,企业的财务风险与收益都会增大,但债权人只享有固定收益;融

资项目一旦成功,股东就会占有项目成功的大部分收益,而当项目破产时,由于公司股东的有限责任,股东仅以投入公司的部分为限承担责任,破产风险的大部分损失将由债权人承担。而实际控制人通过金字塔结构、交叉持股以及发行双重股票等方式来增强控制权(La Porta,Lopez-de-Silanes 和 Shleifer,1999;Claessens,Djankov 和 Lang,2000)[13-14],从而能够以较小的现金流权(所有权)掌握较多的控制权,造成控制权与现金流权的分离,较高的控制权能够使实际控制人继续享有风险型融资的大部分收益,但由于实际控制人的现金流权相对较小,公司一旦破产,仅需承担相当于现金流权部分的较小破产损失,这进一步降低了实际控制人的破产责任,增大了采取负债融资的动机。另外,由于金字塔结构、交叉持股等复杂控股方式所导致的实际控制人实体的隐蔽性,实际控制人位于控制链条的最顶端,即使上市公司破产,实际控制人的声誉也不会受到太大的影响,破产风险的损失大部分将由债权人和广大中小股东来承担(Boubaker,2007)[171]。更何况在我国的制度背景下,由于股票上市采用严格的核准制度,上市公司的壳资源非常宝贵,即使无法偿还到期债务,往往也会采取各种重组措施脱困,而不是由债权人来接管,我国上市公司的破产机制还尚未真正启动(夏新平,邹振松和余明桂,2006)[172]。因此,这种收益与损失的不对称性会导致实际控制人很少或不考虑负债融资的破产效应,而倾向于采取风险型负债融资行为。

(2)实际控制人控制权与现金流权的分离程度越高,实际控制人与中小股东间的代理冲突也就越大,从被控制公司进行攫取行为、获取控制权私有收益的动机也就越强烈(Claessens,Djankov 和 Fan 等,2002;王鹏和周黎安,2006;Su,Yang 和 Yang,2010)[24,26,173]。在对投资者保护较弱和负债不能有效发挥控制作用的现实背景下,实际控制人通过债务融资资金扩大了公司的现金流,增加了可控制的资源(Bany-Ariffin,Mat Nor 和 McGowan,2010)[174],从而便利了实际控制人进行利益侵占而获取私有收益的行为(Bunkanwanicha,Gupta 和 Rokhim,2008;江伟和沈艺峰,2008)[135,167]。孙健(2005)认为,存在实际控制人背景下的公司负债融资规模将超过其实际所需要的资金规模,以方便实际控制人从债务融资中获取私有收益[139]。实际控制人可以利用金字塔式的复杂组织结构为其通过组织内贷款或转移定价等方式转移负债资源,并可以躲避资本市场的监管。负债融资作为重要的资金来源,为实际控制人转移侵害上市公司的资源提供了现实条件,实际控制人控制权与现金流权的分离程度越高,利用负债融资扩大其可控制资源的动机也就越强。

(3)由于债权人不享有投票权,增加债务融资不会稀释实际控制人的控制权,从而有利于保持其控制地位。负债融资具有"控制权非稀释性效应",它不会像发行权益融资那样造成实际控制人控制权的稀释。实际控制人以相对较小的现金流权取得了对公司的控制权,它会反对公司采取权益融资,以避免稀释其对公司的控制权或引入新的大股东,威胁到实际控制人的权威地位、进而丧失控制权私利。尤其是当实际控制人的控制权与所有权的分离程度较大时,实际控制人进行负债融资的控制权"非稀释性动机"就更为强烈(Du 和 Dai,2005)[134]。

(4)由于我国"四大国有商业银行"是我国上市公司最主要的债权人,它们固有的"国有"性质决定了负债在我国上市公司中很难发挥治理作用,造成负债的治理功能弱化,再加上我国的破产机制还尚未正式启动,于是就形成了我国独特的贷款"预算软约束"现象(Lardy,1998;田利辉,2005)[175-176]。在我国投资者保护较弱以及国有商业银行不能有效发挥债权人监督治理作用的现实背景下,负债融资不仅不能监督约束实际控制人获取私利的行为,反而成为一种廉价的资金来源,负债融资的"自由现金流"约束效应很难真正发挥作用。

(5)由于金字塔结构所导致的内部资本市场的存在,使其成员企业可以通过内部资金往来等多种方式来解决融资问题,缓解了企业的债务融资约束,成员之间的相互担保行为也为其进行借贷提供了便利条件,金字塔结构具有债务融资优势(李增泉、辛显刚和于旭辉,2008;韩亮亮,李凯和方圆,2009)[177-178]。实际控制人通过利用复杂的金字塔网络结构操控上市公司的账面资产质量等方式也容易获取贷款机构的信贷支持,这为上市公司进行债务融资提供了便利条件。

为了更精确地考察金字塔结构下实际控制人对公司资本结构的影响,通过借鉴和改进 Filatotchev 和 Mickiewicz(2006)的效用函数模型[179],建立实际控制人和市场化环境对公司负债融资决策影响的理论模型。

模型基本假设如下(为了行文的方便,此处相关变量名符号与后文变量定义部分并不完全一致)。

(1)假定存在 3 个公司或个体:X,Y 和 Z,公司 Y 是公司 X 的直接控股股东,其持有公司 X 的股份比例为 β($0 < \beta \leqslant 1$)。如果公司 Y 向上仍然存在控股股东,则称为金字塔结构。假定继续向上追溯的最终实际控制人为 Z,从 Y 到 Z 共经历了 n 个代理链层级,每一层级的持股比例(现金流权)是 ω_i($0 < \omega_i \leqslant 1$),则最终实际控制人 Z 对公司 X 拥有的现金流权为 $\alpha = \beta \prod_{i=1}^{n} \omega_i$,假定 $\omega_i \geqslant \beta$(该条件不成立并不影响本模型的分析结果,只是为了表述的方便,相当于

控制链条上持股比例最低的为控股股东 Y,则最终实际控制人 Z 对公司 X 拥有的控制权为 β。由表达式可知,在金字塔结构下,$\beta \geqslant \alpha$。

(2) 假定公司 X 有一投资项目,资金需求量为 I。假定公司通过债务资金的方式进行融资(在内部资本积累和外部股权再融资约束的情况下,债务融资决策是外生的,假定全部通过债务融资是为了模型的简化,若考虑内部资本积累和外部股权再融资并不影响本模型的分析),债务筹集资金为 D,假定债务利率恒定为 i(为了模型的简化,假定每年度按利率 i 支付利息,不需要偿还本金),不考虑破产风险。

(3) 假定项目的融资和投资都在时点 0 启动和完成,项目的投入产出报酬率为 δ,根据投资的报酬边际递减规则,随着投资规模的增加,边际报酬率会递减,所以应满足 $0 < \delta < 1$。在所有未来的时间内,该项目所产生的现金净流入为 $I^\delta - iD$。设项目的贴现率为 $\gamma(0 < \gamma < 1)$。

(4) 假定实际控制人从债务融资中侵占的部分为 S,控制权私利系数为 $m(0 < m < 1)$,控制权私利系数 m 代表侵占对不同性质实际控制人的效用程度。实际控制人在侵占的同时需要付出一定的侵占成本,根据 La Porta,Lopez-de-Silanes 和 Shleifer (2002)[36] 的研究,假定侵占成本 $C(k,S) = kS^2/2$,k 代表市场化环境的保护程度。$C(k,S)$ 满足以下条件:$C_k > 0$,$C(k,0) = 0$,$C_s > 0$ 和 $C_{ss} > 0$。$C_k > 0$ 表明随着市场化环境的完善,实际控制人的侵占成本增大;$C(k,0) = 0$ 表明实际控制人不进行侵占,则侵占成本为 0;$C_s > 0$ 表明侵占的部分越多,侵占成本越大;$C_{ss} > 0$ 表明侵占的边际成本随着侵占部分的增大而增大,因为侵占越多被发现和处罚的可能性就越大。根据实际控制人的理性人假设,还应满足 $0 \leqslant C(k,S) < mS$(当且仅当 $S = 0$ 时,等号成立),否则实际控制人就不会选择侵占上市公司的债务资源。同时,为了公司的持续经营,实际控制人并不会选择全部侵占,至少不能使公司破产(后期现金净流入不能支付利息),所以 $I^\delta - iD = (D - S)^\delta - iD \geqslant 0$。

接下来,根据是否存在金字塔结构分两种情形进行分析。

第一种情形(不存在金字塔结构):Y 为最终控股股东,且不存在控制权与现金流权的分离,则控股股东 Y 的目标效用函数为

$$\max U(D,S) = \beta \int_0^\infty (I^\delta - iD) e^{-\gamma t} dt + mS - C(k,S) =$$

$$\beta \int_0^\infty [(D-S)^\delta - iD] e^{-\gamma t} dt + mS - \frac{kS^2}{2} =$$

$$\frac{\beta(D-S)^{\delta}}{\gamma} - \frac{\beta i D}{\gamma} + mS - \frac{kS^2}{2} \qquad (3-1)$$

式(3-1)满足的约束条件为

$$(D-S)^{\delta} - iD \geqslant 0$$

通过构造拉格朗日函数,式(3-1)满足最优解的库恩-塔克条件为

$$\frac{\beta\delta(D-S)^{\delta-1}}{\gamma} - \frac{\beta i}{\gamma} + \mu\delta(D-S)^{\delta-1} - \mu i = 0 \qquad (3-2)$$

$$-\frac{\beta\delta(D-S)^{\delta-1}}{\gamma} + m - kS - \mu\delta(D-S)^{\delta-1} = 0 \qquad (3-3)$$

$$\mu[(D-S)^{\delta} - iD] = 0 \qquad (3-4)$$

$$(D-S)^{\delta} - iD \geqslant 0 \qquad (3-5)$$

根据这 4 个条件求得最优解 S 和 D 分别为

$$S^* = \frac{m}{k} - \frac{\beta i}{k\gamma} \qquad (3-6)$$

$$D^* = \left(\frac{\delta}{i}\right)^{\frac{1}{1-\delta}} + \frac{m}{k} - \frac{\beta i}{k\gamma} \qquad (3-7)$$

第二种情形(存在金字塔结构):对 Y 继续向上追溯存在最终实际控制人 Z,实际控制人 Z 存在着控制权与现金流权的分离,则实际控制人 Z 的目标效用函数为

$$\max U(D,S) = \alpha\int_0^{\infty}(I^{\delta} - iD)\mathrm{e}^{-rt}\mathrm{d}t + mS - C(k,s) =$$

$$\beta\prod_{i=1}^{n}\omega_i\int_0^{\infty}[(D-S)^{\delta} - iD]\mathrm{e}^{-rt}\mathrm{d}t + mS - \frac{kS^2}{2} =$$

$$\frac{\beta\prod_{i=1}^{n}\omega_i(D-S)^{\delta}}{\gamma} - \frac{\beta\prod_{i=1}^{n}\omega_i iD}{\gamma} + mS - \frac{kS^2}{2} \qquad (3-8)$$

式(3-8)满足的约束条件为

$$(D-S)^{\delta} - iD \geqslant 0$$

通过构造拉格朗日函数,式(3-8)满足最优解的库恩-塔克条件为

$$\frac{\beta\prod_{i=1}^{n}\omega_i\delta(D-S)^{\delta-1}}{\gamma} - \frac{\beta\prod_{i=1}^{n}\omega_i i}{\gamma} + \mu\delta(D-S)^{\delta-1} - \mu i = 0 \qquad (3-9)$$

$$-\frac{\beta\prod_{i=1}^{n}\omega_i\delta(D-S)^{\delta-1}}{\gamma} + m - kS - \mu\delta(D-S)^{\delta-1} = 0 \qquad (3-10)$$

$$\mu\left[(D-S)^{\delta}-i\,D\right]=0 \qquad\qquad (3-11)$$

$$(D-S)^{\delta}-i\,D\geqslant 0 \qquad\qquad (3-12)$$

根据这 4 个条件求得最优解 S 和 D 分别为

$$S^{**}=\frac{m}{k}-\frac{\beta\prod\limits_{i=1}^{n}\omega_{i}i}{k\gamma} \qquad\qquad (3-13)$$

$$D^{**}=\left(\frac{\delta}{i}\right)^{\frac{1}{1-\delta}}+\frac{m}{k}-\frac{\beta\prod\limits_{i=1}^{n}\omega_{i}i}{k\gamma} \qquad\qquad (3-14)$$

由 $0<\omega_{i}\leqslant 1$ 可知，$0<\prod\limits_{i=1}^{n}\omega_{i}\leqslant 1$，结合式（3-6）和式（3-13）可得，在存在金字塔结构控制权与现金流权相分离的情况下，$S^{**}\geqslant S^{*}$，同时结合式（3-7）和式（3-14）比较两种情况下的负债融资规模可知，$D^{**}\geqslant D^{*}$，当且仅当不存在两权分离的时候等式成立。由此可见，当实际控制人控制权与现金流权相分离的时候，上市公司的负债融资规模较大。结合之前的分析可知，实际控制人 Z 对公司 X 的控制权为 β，现金流权为 $\alpha=\beta\prod\limits_{i=1}^{n}\omega_{i}$。比较两式可知，$\prod\limits_{i=1}^{n}\omega_{i}$ 反映了实际控制人的控制权与现金流权的分离程度；$\prod\limits_{i=1}^{n}\omega_{i}$ 越小，则表示两权分离程度越大。所以式（3-14）对 $\prod\limits_{i=1}^{n}\omega_{i}$ 求一阶导数得

$$\frac{\partial D^{**}}{\partial\prod\limits_{i=1}^{n}\omega_{i}}=-\frac{\beta i}{k\gamma}<0 \qquad\qquad (3-15)$$

由于 $\prod\limits_{i=1}^{n}\omega_{i}$ 是实际控制人两权分离程度的反向衡量表示，结合式（3-15）可知，实际控制人两权分离程度越大，负债融资规模就越大，控制权与现金流权的分离加大了公司的负债比例。

由上述分析可知，理论上无论是从实际控制人的利益动机还是从债务融资的扩大资源功能或者控制权非稀释效应及外部融资条件来看，金字塔结构下两权分离的实际控制人都倾向于扩大负债融资规模。实际控制人的两权分离程度越大，这种动机就越强。同时，数理模型的推论也证实了控制权与现金流权的分离加大了公司的负债比例。在此基础上，提出如下假设：

假设 1　实际控制人控制权与现金流权的分离程度与公司资产负债率正

相关。

现金流权是衡量实际控制人"激励效应"大小的一个重要变量(Claessens,Djankov 和 Fan 等,2002)[24]。现金流权越小,实际控制人能够从公司获取的共享收益就越少,"激励效应"也就越小。相比之下,实际控制人会倾向于以较小的相当于现金流权部分的成本去获取控制权私利,来损害其他股东的利益,而根据前面的分析,负债融资则便利了实际控制人获取控制权私利的行为(江伟和沈艺峰,2008)[167]。同时,实际控制人在保持控制权的情况下,现金流权越小,所承担的采取风险型负债融资所带来的财务危机损失就越小,却可以享受风险型融资的大部分收益,因此就更加倾向于采取负债融资方式。而在现金流权很高的情况下,实际控制人在获取控制权私利的同时承担了较高的成本,实际控制人就会认真权衡利弊得失,进而降低损害公司价值获取私有收益的动机(Yeh,2005)[72]。现金流权的大小代表着实际控制人与公司利益的一致程度,现金流权比例越高,实际控制人的"激励效应"越强,就会越有动机促使公司正常经营,以获取控制权共享收益。而负债资金的"滥用"会损害公司的整体利益,进而损害实际控制人的个人财富。在实际控制人现金流权很高的情况下,会倾向于降低公司负债水平。

进一步通过模型来分析,式(3-14)可进一步表示为

$$D^{**} = \left(\frac{\delta}{i}\right)^{\frac{1}{1-\delta}} + \frac{m}{k} - \frac{\alpha\,i}{k\gamma} \qquad (3-16)$$

用式(3-16)对现金流权 α 求一阶导数可得

$$\frac{\partial D^{**}}{\partial \alpha} = -\frac{i}{k\gamma} < 0 \qquad (3-17)$$

由式(3-17)可知,负债融资的规模与现金流权呈反比,实际控制人的现金流权越小,负债融资的规模就越大,从而公司资产负债率就越高。因此,提出如下假设:

假设2 实际控制人现金流权与公司资产负债率负相关。

现金流权代表着实际控制人从公司获取收益的能力,也就是实际控制人对上市公司进行攫取行为的侵占成本。La Porta,Lopez-de-Silanes 和 Shleifer 等(2002)通过建立实际控制人攫取行为的收益模型(即著名的 LLSV 模型),说明了现金流权比例与攫取行为之间的关系,其基本结论就是,现金流权构成了实际控制人攫取行为的一种成本约束,较高的现金流权与对中小股东较少的攫取行为相联系[36]。葛敬东(2006)[180]以及吕长江和肖成民(2007)[181]通过对 LLSV 模型进一步扩展,从理论上分析了现金流权比例对

实际控制人攫取行为的约束作用。也就是说,实际控制人的现金流权不仅会直接影响着公司的攫取行为,而且还会影响实际控制人的两权分离程度与攫取行为之间的关系。在此基础上,杨淑娥和苏坤(2009)进一步通过理论分析并实证检验了现金流权大小对实际控制人两权分离所导致的"堑壕效应"的调节作用,发现当实际控制人现金流权比例较高时,其两权分离所导致的"堑壕效应"显著低于当现金流权比例较低时两权分离所导致的"堑壕效应"[27]。把类似的分析运用到实际控制人与公司资本结构之间的关系上,现金流权大小不仅会直接影响实际控制人的公司融资(资本结构)决策,还会影响实际控制人两权分离程度与公司融资(资本结构)决策之间的关系。现金流权的提升会降低实际控制人两权分离程度对公司负债融资的正向影响程度。因此,提出如下假设:

假设 3　随着实际控制人现金流权的增大,其两权分离程度对公司资产负债率的正向影响逐渐减小。

实际控制人要控制一个公司,一般要掌握一定的控制权。能够有效控制一个公司的最小控制权比例称为"有效控制权",在学术界一般采用 10％ 或 20％ 的有效控制权标准(La Porta,Lopez-de-Silanes 和 Shleifer,1999;Claessens,Djankov 和 Fan,2002;王鹏和周黎安,2006)[13,24,26]。而实际控制人实际控制权超过有效控制权标准的比例称为"控制权真空"(韩亮亮和李凯,2007)[182],实际控制人控制权比例越大,"控制权真空"就会越大。"控制权真空"的存在使得股权融资的控制权稀释效应不会对实际控制人的控制地位造成显著的威胁,也不会阻碍实际控制人对公司资源(自由现金流)的使用(苏坤和杨淑娥,2009)[121]。因此,"控制权真空"的存在会促使实际控制人更倾向于采取股权融资方式。"控制权真空"越大,实际控制人就越倾向于采取股权融资方式,而"控制权真空"的大小是与实际控制人终极控制权比例直接相联系的。同时,当实际控制人终极控制权比例较低时,由于股权融资所造成的控制权稀释效应,实际控制人就更倾向于排斥股权融资,而偏好采用负债融资方式。因此,提出如下假设:

假设 4　实际控制人控制权与公司资产负债率负相关。

二、实际控制人产权性质对资本结构的影响

按照终极控制权的传导机制,可以将我国上市公司最终划分为国有控制公司和非国有控制公司。两类公司的产权性质不同,从而导致两类公司实际控制人控制权与现金流权的分离对公司资本结构的影响程度也不相同。与国有控制公司相比,非国有(民营)上市公司的实际控制人往往是自然人或家族,受到政府有关部门的约束较少,其市场特征更为明显,通过侵害上市公司而获取的私利会直接转移到实际控制人手中,相比之下更有动机去侵占其他股东利益或将公司财产据为己有,转入自己的"安全账户"(Long 和 Sorger,2006)[183],因而非国有上市公司实际控制人通过扩大负债融资获取控制权私利的动机和债务融资的控制权非稀释性动机也就更为强烈。而国有控制公司的终极所有者是全体公民,他们是无行为能力的一个抽象主体,代其行权的实际控制人是各级政府机关、国有资产管理机构等,它们在制度、流程等方面的约束要比非国有控制企业严格得多(刘东霖,张俊瑞和苏坤,2009)[184]。在相同的利益驱动下,国有控制公司采取投机主义行为获取私有收益的困难也要远大于非国有控制公司(黎文靖和路晓燕,2007)[185]。尽管通过扩大债务融资可以获得更多的可控制资源,但由于国有股先天所具有的产权残缺和所有者缺位问题,国有股权泛化,作为国有资本出资人代表的政府官员并不具有对企业资产的剩余索取权(Chen,Firth 和 Xu,2009)[161],也就是说,其控制权与剩余索取权是分离的,它们可能更看重自己的声誉价值,扩大可控制资源获取私利的动机并没有非国有控制公司那么强烈。Zhang(2004)对金字塔结构在中国出现的原因进行了系统的考察,发现对于国有控制公司来说,金字塔结构的出现更多的是贯彻政府的分权和放权政策所促使的,是上市公司为了摆脱政府过多的行政干预所进行的一种主动构建行为;而对于非国有控制上市公司来说,金字塔结构的出现更多体现的是实际控制人的利益,是它们为了更有效地控制上市公司、获取控制权利益的一种工具[186]。综上所述,对于国有控制公司来说,实际控制人扩大负债融资获取私有收益的动机相对较弱,其控制权与现金流权的分离对公司资本结构的影响也相对较弱。

进一步通过模型来分析,上述分析表明非国有实际控制人的控制权私利系数 m 大于国有实际控制人的控制权私利系数 m。用式(3-14)对控制权私利系数 m 求一阶导数可得:

$$\frac{\partial D^{**}}{\partial m} = \frac{1}{k} > 0 \qquad\qquad (3-18)$$

由式(3-18)可知,负债融资的规模与实际控制人控制权私利系数呈正比,而非国有控制公司实际控制人的控制权私利系数大于国有实际控制人的控制权私利系数,因此,非国有实际控制人扩大负债融资获取私利的动机就相对较强,其两权分离程度对公司资本结构的影响也就相对较大,而国有实际控制人的动机则相对较弱。因此,提出如下假设:

假设 5　与非国有控制公司相比,国有控制公司实际控制人两权分离程度对公司资产负债率的正向影响相对较小。

对于实际控制人产权性质研究的另一个视角是对国有控制公司实际控制人政府行政级别的分类研究。在我国现有的政府行政分权体制下,中央政府类似于委托人;相应地,地方政府更像是中央政府的代理人,因此对于不同行政级别的政府而言,它们对所控制上市公司的行政干预程度是不一样的。地方政府更可能为了短期目标而对上市公司进行行政干预,而中央政府所控制上市公司受到的监管比较严格,政府干预更容易受到公众的注视,因而政府干预就相对较少(Wang 和 Xiao,2009)[187]。在竞争市场资源方面,地方政府也比中央政府的动机更强(夏立军和方轶强,2005)[148,188],各级政府竞争市场资源的一个重要方面就是通过干预银行的信贷决策,帮助当地上市公司获取银行贷款。巴曙松,刘孝红和牛播坤(2005)分析了地方政府干预当地银行信贷决策为当地企业获取银行贷款的原因,认为地方政府比中央政府具有更强的干预银行信贷决策的动机[189]。黎凯和叶建芳(2007)研究发现,相比于中央政府,地方政府更倾向于利用政府干预帮助上市公司获取长期贷款[190]。通常,中央政府部门所受到的监管要比地方政府强很多(Chen,Firth 和 Xu,2009)[161],政府行政级别越高,越注意自己的形象,更能约束自己的行为,进而减少对所控制上市公司的政府干预(刘志远,毛淑珍和乐国林,2008)[191]。而政府行政级别越低,财政负担往往越重,通过政府干预帮助上市公司获得信贷资源的动机也就越强。这是因为,地方政府的利益与其所控制的上市公司关系紧密,帮助上市公司获取银行信贷资源有利于地方政府减轻其财政负担、增加其可控制的资源,同时也有利于发展地方经济、解决就业问题以及有利于地方官员的政绩等行政目标的实现。因此,地方政府具有强烈的动机帮助上市公司获取银行贷款,政府行政级别越低,这种动机就越强烈。在此基础上,提出如下假设:

假设 6　对于国有控制公司,政府级别越低,实际控制人所控制的上市公司资产负债率水平越高。

三、实际控制人控制权行使方式对资本结构的影响

如前所述,对实际控制人控制权行使方式从代理链层级、代理链链条数和控制权行使的中间代理人属性三方面来进行考察。代理链层级指实际控制人对上市公司行使控制权所经历的中间代理人层级数。金字塔结构与平行结构相比最大的不同即是具有杠杆效应,代理链层级越长,实际控制人以同样的资金撬动的可控资源也就越多,从而以有限的资源达到四两拨千斤的效果也就越为显著(李增泉、辛显刚和于旭辉,2008)[177]。为了进一步增强其所控制的资源,实际控制人就越有动机将资金从上市公司转移到金字塔代理链的顶端,甚至实际控制人个人手中(杨翠霞,2009)[192],这样就会进一步扩大上市公司的融资需求。同时,实际控制人要达到以小资本控制大资源的目的,其前提条件就是要保持对上市公司的有效控制权,失去了控制权一切将无从谈起,而负债融资具有"控制权非稀释性效应"。代理链层级越长,金字塔结构就越复杂,金字塔结构中各公司间的相互担保、关联交易等行为扩大了资金信贷规模,也便于形成上市公司较高的负债水平。结合前面的分析,代理链层级越长,实际控制人促使上市公司采取负债融资行为的动机就越强。代理链层级越长,实际控制人的"掏空"行为就越为便利和隐蔽(王烨,2009)[193]。同时,实际控制人所受到的风险可以通过复杂的代理链层级结构而多样化和分散化,代理链层级的延长使得实际控制人远离高风险项目(Attig,Gadhoum 和 Lang 等,2003)[194],对上市公司债务风险的容忍程度就越高。根据上述分析得出,代理链层级越长,公司的负债水平就会越高。因此,提出如下假设:

假设 7 实际控制人的代理链层级与公司资产负债率正相关。

实际控制人金字塔结构代理链的多链条结构和其多层级结构一样,是实际控制人使用金字塔结构扩大资源控制所采取的重要手段。作为金字塔结构的横向结构和纵向结构特征,多链条结构特征与多层级结构特征一起共同决定了其杠杆效应的大小。代理链链条数越多,实际控制人以同样的资金撬动的可控制资源也就越多。代理链链条数越多,金字塔结构就越复杂,金字塔结构中各公司间的相互担保、关联交易等行为也便于形成上市公司较高的负债水平,降低实际控制人的风险水平。在此基础上,提出如下假设:

假设 8 实际控制人的代理链链条数与公司资产负债率正相关。

对于国有控制公司,政府实际控制人可以直接控制上市公司,或者通过直接组建的国有资产管理(经营)机构(公司)、国有投资公司进行间接控制,也可以通过国有控股或独资的实业经营公司来进行控制,前者由于政府自身或其授权的国有资产管理结构(国有资产管理公司、投资公司)在性质上都属于政府机构,因此合称为通过国有资产管理机构控制,而后者称为通过实业公司控制。国有资产管理机构与实业公司相比较,它与上市公司的经营业务并没有多大的联系,它们对上市公司很少有或没有相关的专业知识,更多的是依据政府的相关政策指导而非公司盈利目标来做事;它们与上市公司的绩效也没有很大关系,即使是收取的股利也会直接转交国库,更多的是充当行政角色

（Wang,2010)[195] ；它们在选举上市公司董事会和管理层方面扮演着重要的角色,但却很难承担上述干预的后果风险,行使的是典型的"廉价投票权"(张维迎,1998)[196] 。这类公司政府干预程度较大,政府股东为了实现减轻财政负担、扩大就业以及显示政绩等目标具有强烈的动机帮助上市公司获取信贷支持,因此这类公司往往具有较高的负债水平。相反,对政府实际控制人通过实业公司控制的上市公司来说,实业公司与上市公司的经营风险和业绩紧密相连,它们具有更强的风险感知和收益分享机制,具有强烈的动机和充分的专业知识来监督上市公司、提供战略指导(Chen,Firth 和 Xu,2009)[161] ,并且政府通过实业公司进行行政干预的成本会变得更高,上市公司会更倾向于按照市场化的方式来进行运作(吴清华,2007)[197] ,这类公司的政府干预程度显然要小得多。实证研究也表明,通过实业公司控制比国有资产监管机构在监督上市公司高层管理者方面更有效率(Wang,2010)[195] 。因此这类公司与通过国有资产管理机构控制的公司相比往往具有较低的资产负债率水平。因此,提出如下假设:

假设 9　对国有控制公司,与通过国有资产管理机构控制的公司相比,通过实业公司控制的上市公司具有较低的资产负债率。

3.3.2　市场化环境与公司资本结构之间的关系

制度环境对于经济行为的重要性是现代企业理论的重要内容之一,它直接影响着市场参与者的动机,并进而影响其相关的行为决策。市场化环境作为制度环境的重要组成部分,不仅直接影响着上市公司的融资行为,还可以通过公司的内部动力机制来间接影响公司的融资行为。在不同的市场化环境下,上市公司有关融资的内部运行机制对市场化环境的适应程度也不相同,进而影响上市公司的融资行为。在外部市场化环境的制约和支持下,上市公司通过有关融资的各种内部机制权衡各方面利益得失,进行着相应的融资行为,进而影响公司的资本结构。根据前面的分析,本书主要基于我国各地区市场化环境的差异,借鉴樊纲,王小鲁和朱恒鹏(2010)[38] 的研究成果,研究各地区市场化程度、政府干预程度和法律环境差异对公司资本结构的影响。

先使用模型对负债融资规模与市场化环境之间的关系有一个总的概括认识。用式(3-14)对市场化环境总体变量 k 求一阶导数可得

$$\frac{\partial D^{**}}{\partial k} = -\frac{1}{k^2}\left(m - \frac{\beta\prod_{i=1}^{n}\omega_i i}{\gamma}\right) = -\frac{S^{**}}{k} < 0 \qquad (3-19)$$

由式(3-19)可知,在市场化环境较好的地区,公司过度负债融资的规模较小,市场化环境的改善能够制约实际控制人扩大负债融资获取控制权私利的规模。下面,具体分析各地区市场化程度、政府干预程度和法律环境差异对公司资本结构的影响。

市场化程度是指由政府通过计划经济方式分配经济资源过渡到由市场来进行分配经济资源的程度。由于我国幅员辽阔,各地方的历史、自然环境、区域经济发展水平和社会文化等因素的不同,同时我国的市场经济体制还很不完善,不同地区的市场化程度有着很大差异。经过改革开放以来的市场化,东部沿海地区在经济发展和市场化改革进程方面都远远领先于其他地区。

市场化程度越高的地区,市场发育越成熟,政府对市场和企业的干预行为就越少,法律环境越完善,市场秩序就越规范,企业就更可能按照市场规律办事。市场化程度不同,政府在经济运行中的作用大小也不相同,直接影响着各地区政治关系在公司融资行为中作用的发挥。市场化程度的提高减弱了地方政府控制上市公司的动机(夏立军和陈信元,2007)[198],在市场化程度比较高的地区,政企分开程度相对较高,政府对企业经营和银行借贷行为的干预程度相对较低。而政治关系可以帮助企业获取贷款资源(Faccio,2006;Firth,Lin和Liu,2009;冯天丽,井润田和王国锋,2010)[199-201],在市场化程度较高的地区,由于政治关系很难发挥作用或作用比较小,就丧失了这种关系资源能够带来的贷款资源优势(Li,Meng和Wang等,2008)[202],因此市场化程度较高的地区上市公司往往具有相对较低的债务水平。余明桂和潘红波(2008)研究发现,政治关系可以帮助企业获得银行贷款,并且这种效应在市场化制度环境较差的地区尤为显著[203]。在市场化程度较低的地区,当地政府往往财政负担也较重,地方政府的利益与当地上市公司具有紧密的联系,进而当地政府就越有动机来干预上市公司获得信贷资源,市场化程度低的地区应当具有较高的负债水平。在此基础上,提出如下假设:

假设10 地区市场化程度与公司资产负债率呈现负相关关系。

政府干预程度是指政府对企业的经济行为进行行政干预的程度,在我国经济转轨的过程中,普遍存在着政府对公司不同程度的行政干预行为。一个廉洁、高效、运作透明的政府是市场正常运转的必要条件。政府干预作为司法体系的替代,不仅会直接影响公司的融资行为,还可以通过改变公司在市场运行中的机会来间接影响公司的融资行为。政府干预主要通过以下途径来对上市公司的融资行为发挥作用:

(1)在政府干预严重的地区,政府工作人员会滥用职权向企业寻租甚至敲诈,给企业造成额外的负担,导致市场的扭曲(樊纲、王小鲁和朱恒鹏,2010)[38]。企业需要向政府填报各种不必要的材料、获取各种不必要的许可证,以及需要经过更多的人员或政府部门的批准才能通过一项决策,这使得决策和办事效率低下,而这些都会加重公司被政府攫取的风险。相比之下,股票市场投资者比债权人更为关注公司被攫取的风险,他们作为公司剩余财产的索取者更容易受到政府部门上述价值破坏活动的影响(Wang 和 Huyghebaert,2009)[204]。因此,在政府干预程度严重的地区,上市公司使用股权融资的成本相对较高,更难进行权益融资,而不得不依赖负债融资。

(2)在政府干预越严重的地区,当地政府越有可能通过政府担保或政府财政补贴等形式,降低上市公司违约的概率,通过改变上市公司在市场运行中的机会来间接帮助公司更容易获取银行贷款。

(3)政府干预可以通过直接干预银行信贷决策,帮助公司取得银行贷款(Fan,Twite 和 Titman,2010)[147]。为了发展地方经济、解决当地就业问题、减轻财政负担、增加当地政府可控制的资源以及制造政绩工程等,政府干预越严重的地区,当地政府就越有强烈的动机帮助当地上市公司获取银行信贷资源。因此,提出如下假设:

假设 11　政府干预程度与公司资产负债率呈现正相关关系。

法律制度环境是指影响公司融资行为的法律、法规以及法律法规的制定和执行情况。"法与金融"学派最先研究的就是法律环境与公司外部融资行为之间的关系(La Porta,Lopez-de-Silanes 和 Shleifer 等,1998)[35]。法律环境的差异代表着投资者投入公司财产的受保护程度,直接影响着各类资金提供者提供资金的意愿。同时,法律制度环境还直接规范和制约着公司的融资行为,影响公司各种融资方式的资本成本,进而影响着公司的资本结构。

(1)从理论上来说,相比于债权人,法律环境的完善对权益投资者尤其是小股东更为重要(Wang 和 Huyghebaert,2009;Li,Yue 和 Zhao,2009)[204-205]。这是因为债权人享有按照固定的利率支付收益,当他们的利益得不到满足的时候,可以通过申请公司强制破产的方式来保障债权人的利益。而股东仅仅是公司剩余财产的索取者,他们能够获得的股利依赖于公司的盈利能力,而公司的盈利是不能被强制的,因此股东收益的不确定性较高,很难得到保障。同时,在上市公司的股东层面,中小股东的利益更容易遭受管理层和大股东的侵害,中小股东的信息不对称程度往往也比债权人更为严重,而法律环境的改善有助于降低这种信息不对称程度的影响。在法律环境不完善的地区,相对债权融资公司往往更难进行权益融资。因此,法律制度环境的完善程度应与资本结构负相关。

(2)在不同的法律制度环境下,权益资金成本与债权资金成本的相对大小也不相同,从而影响着上市公司选择各种融资方式的意愿。在法律环境较好的地区,与债权资金成本相比,权益资金成本相对比较低,从而上市公司更可能会采取权益融资方式(Hail 和 Leuz,2006)[206];而法律环境较差的地区,中小股东相对债权人的信息不对称程度相对更高,所要求的回报率也就更大,因此,权益资金成本相对较高,上市公司更倾向于债务融资。

(3)法律环境越好,控股股东的控制权私有收益规模往往就越小(Dyck 和 Zingales,2004)[37],法律环境的改善有助于抑制实际控制人的控制权私利行为,进而也就会抑制实际控制人扩大负债融资以满足私利行为的动机。法律环境的改善有利于减小实际控制人为获取控制权私利而扩大负债融资的规模,进而有利于降低公司资本结构水平。

Demirguc-Kunt 和 Maksimovic(1998)使用 30 个国家的跨国资料进行的实证研究也表明,法律制度环境的完善程度与权益融资所占比例呈显著的正相关关系[207]。沈艺峰,肖珉和林涛(2009)从信息披露、抗董事权和投资者保护实施三方面构建了我国上市公司层面的投资者保护执行指数,发现投资者保护是影响公司资本结构的重要因素,投资者保护执行指数与公司资产负债率和负债/权益比例显著负相关[159]。尽管我国面临着统一的国家法律体系,但各个省份对法律体系的执行程度相差很大,法律环境在各个省份之间存在着很大差异(Cull 和 Xu,2005)[208]。在此基础上,提出如下假设:

假设12 法律环境与公司资产负债率呈现负相关关系。

3.3.3 不同市场化环境下实际控制人对资本结构影响的差异

外部市场化制度环境是上市公司公司治理体系的重要组成部分,市场化环境不仅直接影响着公司的行为,还影响着各项公司治理机制作用的发挥,也间接影响着公司的行为。虽然对所有权结构和市场化制度环境是如何影响公司融资的文献不断增多,但很少有学者关注二者的交互作用是如何影响公司资本结构的(Li,Yue 和 Zhao,2009)[205]。所有权结构对资本结构发挥作用是在一定的市场化环境下进行的,也必然要受到市场化环境的制约。同样,实际控制人对公司资本结构的影响也必然会受到市场化环境的制约,市场化环境会影响着实际控制人的代理问题,进而影响着其对公司资本结构作用的发挥。如前所述,本研究主要以最能反映实际控制人代理问题的典型变量——控制权与现金流权的分离程度为代表,来检验不同市场化环境下实际控制人对公司资本结构影响的差异。

La Porta，Lopez-de-Silanes 和 Shleifer 等（2002）研究发现，一个国家对投资者法律保护环境越好，该国公司中控股股东谋取控制权私利的不当行为遭受法律制裁的可能性也就越大，其实施"掏空"所控制公司行为的成本就越大，因此发生控股股东攫取中小股东利益行为的概率也就越低，实际控制人的代理问题就较小[36]。余明桂和潘红波（2008）发现，在金融发展水平落后、法治环境低下和政府干预程度严重的地区，政治关系所发挥的增加贷款的效应更为显著[203]。Li，Yue 和 Zhao（2009）研究发现，在较差的制度环境（市场化程度）情况下，所有权结构对公司资本结构的影响更强[205]。肖作平（2009）研究认为的法律制度环境的改善有助于减弱控制股东与公司债务水平之间的关系[209]。由此可见，市场化制度环境影响着实际控制人的利益侵占行为，也即影响着实际控制人的代理问题，进而会制约着受实际控制人代理问题所影响的公司融资行为。前面的分析已经表明，实际控制人的两权分离程度越大，代理问题就越大，就越倾向于扩大负债融资。结合有关市场化环境的分析，本研究认为，市场化环境的完善会制约实际控制人两权分离所导致的扩大负债融资的行为，具体影响路径主要包含两方面：

（1）从实际控制人代理行为发生事前来看，较好的市场化环境会降低实际控制人扩大负债融资进行攫取行为的动机。在较差的市场化环境下，实际控制人进行侵占行为的成本相对较小；由于市场化程度不高，各项监督制约机制不完善，对实际控制人的约束作用较为有限；在市场化环境较差的地区，政府干预较为严重，当地政府更可能不顾自身形象对当地上市公司强加各种非盈利目标，增强上市公司扩大负债融资的动机；市场化程度较差的地区，政治关系也更能发挥作用（余明桂、回雅甫和潘红波，2010）[210]，进而帮助上市公司获取银行贷款资源；由于市场化环境较差，法律环境不完善，对投资者的保护较差，实际控制人扩大负债融资以进行攫取行为的发生也就更为便利；这些都增强了实际控制人在较差的市场化环境下扩大负债融资以扩大其可控制资源便于攫取行为的动机。而在较好的市场化环境下，实际控制人进行侵占行为的成本则比较高。市场化程度较高，公司各项行为按照市场规律办事，实际控制人对公司的行为很难进行干预或干预成本过高；由于政府干预较低，政治关系很难发挥作用，制约了实际控制人扩大负债融资的能力；如果法律环境较为完善，实际控制人将没有"漏洞"可钻，进而其私利行为将受到很大的制约；这些都降低了实际控制人在较好的市场化环境下影响公司融资行为的动机。同时，在较好的市场化环境下，由于市场化程度较高，银企关系趋于市场化，银行业务独立性不断增强,风险意识逐渐增强;政府干预程度的减少,法律环境尤其是破产法律的完善会增强债务的治理约束作用。债权人对债务人的监督激励效应也会随市场化环境的改善而逐渐增强,债务预算约束逐渐硬化(钟海燕和冉茂盛,2010)[211],这也会降低实际控制人在较好的市场化环境下扩大负债融资的动机。

(2)从实际控制人代理行为发生事后来看,较好的市场化环境会加重对实际控制人扩大负债融资进行侵占行为的处罚。相对于事前的动机约束,事后的处罚可能对实际控制人的侵害行为更具威慑力。而在市场化程度较低的地区,政府干预较为严重,由于"壳"资源的宝贵,即使发生严重的侵占违规行为,当地政府也会想尽办法保持其上市资格,而这种保护会增强实际控制人对上市公司的侵占,也增强了其扩大负债融资以扩大其可控资源便于侵占行为的动机。由于法律环境的不完善,漏洞较多,法律执行力有限,很难对上市公司的违规行为进行有效的调查和处罚。在市场化程度较高的地区,政府干预较少,法律环境比较完善,降低了上市公司有关政府对其保护的预期,其违规行为遭到有关法律制裁的可能性也比较大,严重的违规行为甚至会影响到上市公司的上市资格乃至遭受破产。较好的市场化环境增强了外界对实际控制人扩大负债融资进行侵占行为的处罚能力。

综合市场化环境对实际控制人侵害行为事前和事后两个方面的影响分析,本研究认为,无论是从事前动机还是从事后处罚方面来看,在较好的市场化环境下,实际控制人的侵害行为都会降低,进而影响着实际控制人扩大负债融资以扩大可控资源进行侵占的动机。也就是说,较好的市场化环境能够降低实际控制人控制权与现金流权分离程度对公司负债水平的正向影响。

接下来进一步通过模型来分析,式(3-15)进一步对市场化环境总体变量 k 求导可得

$$\frac{\partial^2 D^{**}}{\partial \prod_{i=1}^{n} \omega_i \partial k} = \frac{\beta i}{k^2 \gamma} > 0 \qquad (3-20)$$

由式(3-20)结合式(3-15)可知,随着市场化环境的改善,实际控制人控制权与现金流权的分离程度对公司资本结构的影响逐渐变小。由于本研究所分析的市场化环境包含市场化程度、政府干预程度和法律环境三方面,结合前面的理论分析,本部分提出如下三个假设:

假设 13 与市场化程度低的地区相比,市场化程度高的地区实际控制人控制权与现金流权的分离程度对资产负债率的正向影响相对较小。

假设 14　与政府干预程度大的地区相比,政府干预程度小的地区实际控制人控制权与现金流权的分离程度对资产负债率的正向影响相对较小。

假设 15　与法律环境差的地区相比,法律环境好的地区实际控制人控制权与现金流权的分离程度对资产负债率的正向影响相对较小。

3.3.4　不同实际控制人类型下市场化环境对资本结构 影响的差异

市场化环境对公司微观行为决策的影响受制于公司微观特征的制约,而实际控制人特征即是公司的一项微观制约安排。不仅市场化环境会对实际控制人与公司资本结构之间的关系产生影响,市场化环境与公司资本结构之间的关系也会受到实际控制人特征的影响。在不同的实际控制人特征背景下,市场化环境对公司行为的影响是不一样的,对资本结构的影响程度也不相同。夏立军和方轶强(2005)研究发现,市场化程度越高、政府干预越少、法律环境越好,公司价值就越高,并且这种正相关关系在政府控制公司更为明显[148];这也充分说明了市场化环境作用的发挥在不同类型的公司是不一样的。如前所述,本研究以实际控制人产权类型为代表,来检验市场化环境对公司资本结构的影响在国有控制公司与非国有控制公司两种不同实际控制人产权类型的公司里作用大小是否一样。

由于目前我国非市场化的银企关系和上市公司破产机制的不完善,造成了公司债务的治理功能缺失,债务约束软化(孙永祥,2002)[212]。市场化程度不同,债务的约束治理效应对不同实际控制人产权性质的公司而言也存在着很大差别。在市场化程度较低的地区,由于债务约束的软化,银行害怕承担贷款风险损失的责任,更倾向于为具有政府背景的国有控制公司提供更多的贷款,而不愿意为民营等非国有控制公司发放贷款。在市场化程度较高的地区,银行和企业之间的关系更倾向于市场化,贷款行为按照市场规律办事,由于政企分开等政策的实施,政府干预银行信贷和企业经营的程度远远低于市场化程度较低的地区,同时,在市场化程度高的地区,银行的市场化改革比较深入,在发放贷款时更多考虑的是公司盈利目标,而相应地非市场化的因素考虑较少,在国有和非国有控制公司之间的这种差别歧视贷款就比较小,市场化程度对国有控制公司资本结构的负向影响相对较大。因此,提出如下假设:

假设 16　与非国有控制公司相比,在国有控制公司中市场化程度对公司资产负债率的负向影响更强。

政府干预可以对所有类型的上市公司都发挥作用,既可以干预国有控制公司,也可以干预非国有控制公司。但政府对国有控制公司干预的成本要远远小于非国有控制公司。由于政府作为国有控制公司的实际控制人,其对国有控制公司的行政干预要方便得多,而对非国有控制公司的行政干预则相对较为困难。因此,相比之下,政府对国有控制公司行政干预的可能性更大(Boycko,Shleifer 和 Vishny,1996)[213];相比于非国有控制公司,国有控制公司也更加可能得到当地政府的帮助来获取银行贷款;同时,政府干预程度的减少也更可能导致国有控制公司预算约束的硬化(钟海燕和冉茂盛,2010)[211],政府干预对资本结构的影响在国有控制公司中的作用也会更大。相比于非国有控制公司,政府干预程度的增大可能会加剧国有控制公司大股东与小股东之间的利益冲突,因此,在政府干预程度严重的地区,股票市场投资者可能更不愿意为国有控制公司提供权益资金(Wang 和 Huyghebaert,2009)[204]。因此,提出如下假设:

假设 17 与非国有控制公司相比,在国有控制公司中政府干预程度对公司资产负债率的正向影响更强。

在法律制度环境不完善的地区,政府对其控制公司的目标往往偏离于公司的经营和盈利目标,如控制失业率、增加财政收入等,大股东(政府)与小股东的利益冲突在国有控制公司也就更为严重(Xu,Zhu 和 Lin,2005)[214]。在不完善的法律环境中,中小投资者可能更不愿意为国有控制公司提供权益资金,同时由于国有控制公司负债(银行借款)的便利性,它们可能更多的诉诸于负债融资。在法律环境比较好的地区,由于法律的完善和司法独立性的增强,公司尤其是国有控制公司的预算约束得以硬化(钟海燕和冉茂盛,2010)[211],如果公司不能按期还本付息,就可能会导致控制权向银行的过渡与转移,这不仅会增强对银行的监督激励,还会使国有控制公司在法律环境较差时的过度负债融资冲动得以抑制,法律环境的改善对国有控制公司资本结构的影响可能会更大。类似地,王鹏(2008)研究发现,与私人控制公司相比,国有控制公司投资者保护对公司绩效的改进效果会更大[158]。因此,提出如下假设:

假设 18 与非国有控制公司相比,在国有控制公司中法律环境对公司资产负债率的负向影响更强。

3.4 本章小结

首先,本章详细阐述了实际控制人、市场化环境和资本结构三个模型要素的内涵和本质。其中实际控制人从实际控制人现金流权、控制权、实际控制人控制权与现金流权分离程度、实际控制人产权性质、国有控制公司政府股东行政级别、实际控制人代理链层级、代理链链条数和国有控制公司政府股东是否通过实业公司控制等方面进行说明;而市场化环境是从市场化程度、政府干预程度和法律环境三方面来反映。其次,本章从理论上对实际控制人、市场化环境与公司资本结构的关系进行了详细的探讨,并构建了反映三者之间逻辑关系的概念模型。最后,在前述研究的基础上,进一步深入分析模型要素各变量之间的内在逻辑关系,并提出相关研究假设。本研究所提出的 18 个具体研究假设见表 3-1。

表 3-1　研究假设汇总表

编号	研究假设
假设 1	实际控制人控制权与现金流权的分离程度与公司资产负债率正相关
假设 2	实际控制人现金流权与公司资产负债率负相关
假设 3	随着实际控制人现金流权增大,其两权分离程度对公司资产负债率的正向影响逐渐减小
假设 4	实际控制人控制权与公司资产负债率负相关
假设 5	与非国有控制公司相比,国有控制公司实际控制人两权分离程度对公司资产负债的正向影响相对较小
假设 6	对于国有控制公司,政府级别越低,实际控制人所控制的上市公司资产负债率水平越高
假设 7	实际控制人的代理链层级与公司资产负债率正相关
假设 8	实际控制人的代理链链条数与公司资产负债率正相关
假设 9	对国有控制公司,与通过国有资产管理机构控制的公司相比,通过实业公司控制的上市公司具有较低的资产负债率
假设 10	地区市场化程度与公司资产负债率呈现负相关关系
假设 11	政府干预程度与公司资产负债率呈现正相关关系
假设 12	法律环境与公司资产负债率呈现负相关关系
假设 13	与市场化程度低的地区相比,市场化程度高的地区实际控制人控制权与现金流权的分离程度对资产负债率的正向影响相对较小
假设 14	与政府干预程度大的地区相比,政府干预程度小的地区实际控制人控制权与现金流权的分离程度对资产负债率的正向影响相对较小

续 表

编号	研究假设
假设 15	与法律环境差的地区相比,法律环境好的地区实际控制人控制权与现金流权的分离程度对资产负债率的正向影响相对较小
假设 16	与非国有控制公司相比,在国有控制公司中市场化程度对公司资产负债率的负向影响更强
假设 17	与非国有控制公司相比,在国有控制公司中政府干预程度对公司资产负债率的正向影响更强
假设 18	与非国有控制公司相比,在国有控制公司中法律环境对公司资产负债率的负向影响更强

第4章 实证研究设计

在概念模型构建以及研究假设提出的基础上,本章对如何利用中国证券市场上市公司的数据进行实证检验做具体的研究设计。首先,介绍检验样本的选取过程及其数据来源;其次,在以往学者相关研究成果的基础上,具体介绍本书相关研究变量的选取及测度方法;最后,简要介绍进行实证检验所使用的研究方法和检验模型。

4.1 数据收集

4.1.1 样本选取

2004 年 12 月 13 日,证监会发布了修订《公开发行证券的公司信息披露内容与格式准则第 2 号〈年度报告的内容与格式〉》的通知,明确要求上市公司披露公司实际控制人情况,并以方框图及文字的形式披露公司与实际控制人之间的产权和控制关系。至此,上市公司对实际控制人的信息披露才比较规范,有关实际控制人特征的数据披露才比较全面、完整。因此,本书的研究样本起始年度选取自 2004 年。同时,由于上市公司年度报告的披露通常于次年的 4 月份才完成,所以样本终止年度为 2009 年。也就是说,本研究以 2004—2009 年为研究样本的选样区间,以我国沪、深两地证券交易所上市公司为研究对象,对研究问题进行具体检验。

在上述界定基础上,为了更好地对所提出的假设进行检验,进一步按照以下标准对研究样本进行筛选:

(1)剔除金融、保险类上市公司。由于金融、保险类公司的经营业务较为特殊,尤其是在融资方面其资本结构杠杆水平普遍较高,与其他行业不具有可比性,因此将其剔除。

（2）剔除在2004—2009年被ST,PT的公司。这是由于ST,PT类发生财务危机的公司或者财务异常，或者连续亏损两年以上的，具有较大的特殊性，这些公司尤其是在融资方面受到很大的限制。

（3）剔出实际控制人控制权比例在10%以下的公司。这是由于实际控制人要能够有效控制一个公司，其控制权必须达到一定程度，国内外学术界一般采用10%或20%的有效控制权标准（La Porta，Lopez-de-Silanes和Shleifer，1999；Claessens，Djankov和Fan，2002；王鹏和周黎安，2006）[13,24,26]，大多数国家将10%的控制权作为公司强制披露的界限（Du和Dai，2005）[134]，因此首先选取10%的有效控制权标准，同时选取20%的有效控制权标准做稳健性检验。

（4）剔除相关变量具有极端值的公司样本。比如资产负债率大于1或小于0的公司，相关变量的极端值将影响检验结果的可靠性，因此将其剔除。

（5）剔除资料不全以及无法找到相关数据资料的公司。

在上述筛选的基础上，得到我国上市公司6年共7 729个公司样本。从样本年度分布上来看，其中2004年1 193个、2005年1 207个、2006年1 221个、2007年1 292个、2008年1 383个、2009年1 433个样本观测值。本书所有数据利用Excel 2007和SPSS13.0等数据分析软件完成相关数据计算和分析过程。

4.1.2 数据来源

本书所使用的财务数据和市场数据来源于香港理工大学和深圳市国泰安信息技术有限公司开发的中国股票市场研究数据库（CSMAR 2010）。实际控制人部分数据手工摘录于上市公司各年度年度报告并经过进一步的计算而获取，上市公司各年度年报来源于上海证券交易所网站（http://www.sse.com.cn/）、深圳证券交易所网站（http://www.szse.cn/）和巨潮资讯网站（http://www.cninfo.com.cn/）。市场化环境相关数据手工摘录于中国经济改革研究基金会国民经济研究所樊纲、王小鲁和朱恒鹏于2010年编制的《中国市场化指数——各地区市场化相对进程2009年报告》。根据证监会2001年颁布和实施的《上市公司行业分类指引》，我国上市公司共分为13个大类行业，由于制造业样本数量较多，对制造业进一步按二级代码分类标准细分为

10 个小类。由于样本不包含金融保险类公司，因此最终形成按照 21 个行业（制造业按二级代码分类）分类的样本。表 4－1 列示了所选样本具体行业的分布情况。

表 4－1　样本公司行业、年度分布表

序号	行业	2004 年	2005 年	2006 年	2007 年	2008 年	2009 年	样本数	比例/(%)
1	农、林、牧、渔业	28	29	29	30	28	30	174	2.25
2	采掘业	22	21	21	28	31	34	157	2.03
3	食品、饮料	44	45	45	50	58	59	301	3.89
4	纺织、服装、皮毛	54	55	56	57	59	62	343	4.44
5	木材、家具	2	3	3	3	5	5	21	0.27
6	造纸、印刷	22	22	21	24	27	29	145	1.88
7	石油、化学、塑胶、塑料	139	133	131	139	155	153	850	11.00
8	电子	42	44	49	58	67	70	330	4.27
9	金属、非金属	116	117	119	124	128	129	733	9.48
10	机械、设备、仪表	179	181	185	202	222	233	1 202	15.55
11	医药、生物制品	84	86	87	83	86	87	513	6.64
12	其他制造业	12	11	11	14	15	15	78	1.01
13	电力、煤气及水生产供应	58	59	61	59	61	60	358	4.63
14	建筑业	25	26	28	31	33	37	180	2.33
15	交通运输、仓储业	55	55	61	61	61	63	356	4.61
16	信息技术业	74	74	73	77	84	93	475	6.15
17	批发和零售贸易	81	82	78	77	81	82	481	6.22
18	房地产业	57	57	60	67	74	82	397	5.14
19	社会服务业	32	34	37	43	44	45	235	3.04
20	传播与文化产业	7	7	7	8	10	10	49	0.63
21	综合类	60	66	59	57	54	55	351	4.54
	合计	1 193	1 207	1 221	1 292	1 383	1 433	7 729	100

4.2 研究变量测度

4.2.1 资本结构的测度

资本是所有企业的一项重要战略资源,是企业赖以生存和发展的基石。资本结构是指企业各种资本的构成及其比例关系,既可以使用绝对数额来表示,也可以使用相对数的比例来反映。绝对数额表示分别指出公司每种资本项目的金额有多少,进而反映公司各项资本的构成。这种方法虽然简单、直观,但只能反映出每类资本项目的金额,很难反映各项目的相对比例,不便于不同公司间的比较。使用相对数比例来表示,则克服了这种缺点,在理论和实务中大多采用相对数比例来表示公司资本结构。

使用相对数表示的资本结构具体到分子分母所包含内容的不同,又有广义和狭义之分。如前所述,广义资本结构是指企业全部资金的来源构成及其比例关系,也就是资产负债表右方各项目间的组成关系(张维迎,1998)[163]。而狭义资本结构仅指企业长期债务资本与股权资本之间的比例关系(沈艺峰,1999)[164]。狭义资本结构认为只有长期债务才具有税收优惠和治理约束的功能,将短期债务排除在外,认为短期债务是公司营运资本的一部分。由于我国上市公司短期债务在债务资金中的比例较大,普遍存在着短期债务资金长期使用的现象,短期债务资金不但发挥着营运资本的功能,而且具有为公司提供长期资本金的功能,影响着公司的资金成本,发挥着公司治理的作用,所以使用广义的资本结构概念,将短期债务纳入负债融资总额中考虑,使用资产负债率来表示资本结构。

具体到资产负债率的计算又有两种方法:采用账面价值计算的资产负债率和采用市场价值计算的资产负债率。采用账面价值计算的资产负债率等于期末总负债与期末账面总资产的比值,这也是国内大多数学者采用的指标。采用市场价值计算的资产负债率等于市场总负债(等于账面总负债)与市场总资产的比值。由于我国存在流通股与非流通股之分,对比例较大的非流通股定价存在较大的争议,而流通股股价受多种不确定因素尤其是政府政策的影响,波动较大,很难反映公司股票的内在价值,因此这种方法在我国很少被采用。综上所述,对资本结构的测度使用账面资产负债率(LEV)(所称资产负债率如无特殊说明均指账面资产负债率),用期末总负债与期末账面总资产的比值来表示。

4.2.2　实际控制人相关变量的测度

如前所述,本研究涉及的实际控制人特征相关变量主要包括实际控制人现金流权、控制权、控制权与现金流权的分离程度、实际控制人产权性质、政府控制行政级别、代理链层级、代理链链条数和控制权行使主体等变量。

1. 现金流权(CR)

现金流权即所有权,是指实际控制人对公司所创造的收益(现金流量)的占有权,即能够从公司的经营利润中分配的份额,也就是实际控制人对上市公司的红利索取权,是从法律的角度拥有企业程度的一种状态。根据 La Porta,Lopez-de-Silanes 和 Shleifer(1999)[13]对实际控制人现金流权的定义和计算方法,现金流权等于实际控制人通过所有控制链条累计持有上市公司的现金流权比例之和,其中通过每条控制链所拥有的现金流权等于该条控制链上各层级股东持股比例的乘积。用公式表示为

$$CR = \sum_{i=1}^{I} \left[\prod_{n=1}^{N} (S_{i1}, S_{i2}, S_{i3}, \cdots, S_{in}) \right] \qquad (4-1)$$

其中,S_{in} 表示第 i 条控制链第 n 层控股股东的持股比例。

2. 控制权(VR)

实际控制人的控制权又称投票权,是指实际控制人对公司的资源或资产的实际控制或支配能力,是对公司的各种决策行为的影响能力,它等于实际控制人对上市公司直接或间接拥有的投票权之和。根据 La Porta,Lopez-de-Silanes 和 Shleifer(1999)[13]对实际控制人控制权的定义和计算方法,控制权等于每条控制链上最弱的投票权相加之和。用公式表示为

$$VR = \sum_{i=1}^{I} \left[\min (S_{i1}, S_{i2}, S_{i3}, \cdots, S_{in}) \right] \qquad (4-2)$$

其中,S_{in} 表示第 i 条控制链第 n 层控股股东的持股比例。

3. 控制权与现金流权分离程度(DIV)

实际控制人通常通过金字塔结构、交叉持股以及发行双重股票等方式来增强控制权,从而导致控制权超过现金流权、造成两权分离的现象。控制权与现金流权分离程度即指控制权超过现金流权的程度。为了稳健起见,本书同时使用如下三个指标来衡量控制权与现金流权的分离程度。使用虚拟变量(DIV_1)来衡量实际控制人控制权与现金流权是否出现分离,当控制权大于现金流权时,该虚拟变量取值为 1,否则为 0;使用实际控制人控制权与现金流权

之差来衡量控制权与现金流权分离的绝对程度(DIV_2);使用实际控制人控制权与现金流权之差与实际控制人控制权的比值来衡量控制权与现金流权分离的相对程度(DIV_3)。其中控制权与现金流权分离的绝对程度(DIV_2)和控制权与现金流权分离的相对程度(DIV_3)具体用公式表示为

$$DIV_2 = VR - CR \qquad\qquad (4-3)$$

$$DIV_3 = \frac{(VR - CR)}{VR} \qquad\qquad (4-4)$$

4. 实际控制人产权性质——是否国有控股公司(STA)

通过对终极产权的追溯,了解实际控制人的产权属性有助于明确上市公司背后的实际控制人身份。通过追溯实际控制人的性质,可以将上市公司划分为国有和非国有控制公司。若实际控制人属于自然人、家族、民营企业、职工持股会、集体企业、外资企业、乡镇及以下级别政府部门(这类公司为集体企业性质,在行为上更类似民营企业)时[148],定义为非国有控制公司。当实际控制人属于政府机构、国有资产监督管理机构、国有企业、各级政府财政部门、高等学校(在搜集资料时未发现私立高校)等时,定义为国有控制公司。因此,当上市公司属于国有控制公司时,该变量取值为1,当上市公司属于非国有控制公司时,该变量取值为0。

5. 政府控制行政级别($GOVR$:government rank)

对于国有控制公司,按照政府行政级别的不同可以划分为中央政府、省级政府和市、县级政府控制三种类型。其中对于高校作为实际控制人的,按照高校的隶属关系进一步划分,隶属中央政府部门或教育部的划分为中央政府控制,属于各级地方政府部门或地方教育部门的划分为相应地方政府控制。由于本研究将政府控制行政级别($GOVR$)变量划分为三种类型,参照王英英(2009)[215]的方法,通过对该变量进行赋值的方式来完成,当国有控制公司属于中央政府级别控制时,赋值为1;当实际控制人属于省级政府级别控制时,赋值为2;当实际控制人属于市、县级政府级别控制时,赋值为3。

6. 代理链层级(LAY)

代理链层级指实际控制人对上市公司行使控制权所经历的代理链长度,也即从实际控制人到上市公司中间通过多少代理人来行使控制权。代理链层级从实际控制人开始,即如果实际控制人直接控制上市公司时,定义代理链层级为1,然后每多一层代理人,代理链层级就增加1。如果实际控制人是政府控制的独资企业,则在计算的代理链层级的基础上加1(按照终极产权的定义,这类企业不能算是实际控制人,应进一步向上追溯,这主要是由对实际控制人披露的不规范所造成的)。最后,对于实际控制人存在多条代理链条进行

控制的,在以往文献中分别存在采用最长代理链层级($LLAY$)(Zhang,2004)[186]和最短代理链层级($SLAY$)(吴清华,2007)[197])两种方法,出于稳健性考虑,这里同时采用最长代理链层级($LLAY$)和最短代理链层级($SLAY$)两种方法来验证所提出的假设。

7. 代理链链条数($CHAIN$)

代理链链条数指实际控制人对上市公司行使控制权所使用的代理链链条数目,也即实际控制人通过多少个代理链链条来控制上市公司。当实际控制人仅通过一条代理链来对上市公司行使控制权时,定义代理链链条数($CHAIN$)为1,然后每多一条代理链链条,该变量就增加1。

8. 控制权行使主体——是否通过实业公司控制($INDC$:industrial corporate)

控制权行使主体,也即实际控制人通过什么类型的中间代理人(也是委托人)来行使控制权。对国有控制公司而言,政府可以直接控制上市公司,或者通过其直接组建的国有资产管理(经营)公司、国有投资公司来进行间接控制。同时,政府也可以通过国有控股或独资的实业经营公司来控制。前者称为通过国有资产管理机构(非实业公司)来控制,后者称为通过实业公司来控制。为了反映控制权行使主体的不同,设置是否通过实业公司控制($INDC$)虚拟变量,当政府通过实业公司控制时,该变量取值为1,否则当政府通过非实业公司控制时,该变量取值为0。

4.2.3　市场化环境相关变量的测度

如前文所述,本研究所涉及的市场化环境相关变量主要包括市场化程度(MAR)、政府干预程度($GOVI$:government intervention)和法律环境(LAW)三方面。由于历史、自然环境、区域经济发展水平和社会文化等原因,我国的市场经济体制还很不完善,市场化进展程度很不平衡,还需要继续推进市场化改革。在一些东部沿海省市,市场化已经取得了决定性的进展,而在另外一些内陆省份,经济中非市场的因素还占有很重要的地位(樊纲,王小鲁和朱恒鹏,2010)[38]。本书分别采用中国经济改革研究基金会国民经济研究所樊纲、王小鲁和朱恒鹏编制的中国各地区市场化进程的系列报告——《中国市场化指数》(2010)中的市场化进程总体的得分来衡量市场化程度(MAR),采用其二级指数"政府与市场的关系"的得分来衡量政府干预程度($GOVI$),采用其二级指数"市场中介组织发育和法律制度环境"指数得分来衡量法律环境(LAW)。上述指数以2001年为基期,取值范围为0~10,具体到本研究时期

2004—2009年,取值可能会出现大于10或小于0的情况。上述指数越大,说明地区市场化环境越好,即市场化程度越高、政府干预程度越小和法律环境越完善,其中需要特别注意的是,"政府与市场的关系"指数得分是政府干预程度的一种反向衡量指标,即这项指数越小,说明政府干预情况越严重,指数越大,说明政府对公司的干预程度越轻。由于樊纲、王小鲁和朱恒鹏编制的中国各地区市场化进程——《中国市场化指数》系列研究报告指数的权威性和连续跟踪性,在国内外学术界得到了广泛的认同,并被广大学者用于衡量在我国转轨经济制度背景下各地区市场化环境差异的相关实证研究中(夏立军和方轶强,2005;Wang,Wong和Xia,2008;Firth,Lin和Liu,2009;Jian和Wong,2010)[148,157,201,216]。本书按照上市公司注册地所在的省、直辖市或自治区为地域分类标准,分别描述上市公司所处的市场化环境。《中国市场化指数》(2010)提供了各地区1997—2007年的相关市场化环境数据,因此,本研究使用2004—2007年的数据分别描述各地区2004—2007年的相关市场化环境。由于没有2008年和2009年相对应的指数,对于2008年和2009年的相关数据使用2007年的相关指数来替代(类似的替代方法运用的比较广泛,如夏立军和方轶强,2005;Li,Yue和Zhao,2009;钟海燕和冉茂盛,2010)[148,205,211]。各地区的市场化程度指数、政府干预程度指数和法律环境指数见附表1。

4.2.4 控制变量的选取和测度

从文献综述的分析可知,影响公司资本结构的因素主要包括宏观因素、行业因素、公司基本特征因素和公司治理因素等。由于主要研究实际控制人和市场化环境因素对公司资本结构的影响,所以涉及上述四个因素中的公司治理因素和宏观因素。因此,主要选取公司基本特征因素和行业因素变量作为本研究模型的控制变量。在相关研究的基础上(Rajan和Zingales,1995;Bunkanwanicha,Gupta和Rokhim,2008;苏坤和杨淑娥,2009)[88,121,135],本书主要选取以下控制变量。

(1)公司规模($SIZE$)。大多数学者在研究资本结构时,都控制了公司规模变量(Titman和Wessels,1988)[114]。本书认为公司规模越大,破产概率越低,越能承担较多的负债,公司规模应与资本结构正相关。本研究使用上市公司期末总资产的自然对数来衡量公司规模。

(2)资产可抵押价值(CVA)。各类资产抵偿公司负债的能力是不同的,有大量可抵押价值的资产作保证,公司的信用就较高,进行债务融资的风险较小,银行也乐于给这类公司贷款,因此公司就越有能力取得债务资金(Myers

和 Majluf,1984)[82]。一般来说,固定资产和存货可以被用来进行抵押,本书用固定资产与存货之和占公司总资产的比例来衡量公司的资产可抵押价值。

(3)盈利能力(*ROA*)。优序融资理论指出,内源融资由于成本较低会被优先选择(Myers 和 Majluf,1984)[82]。公司在融资决策上存在着一定的顺序,首先偏好使用内源融资,其次是债权融资,最后才是股权融资。盈利好的公司有足够的留存收益,并不需要过多的负债,大多数文献也认为公司盈利能力与负债水平负相关。本书采用资产收益率(*ROA*)来衡量公司的盈利能力,资产收益率(*ROA*)等于公司净利润与平均总资产的比值。

(4)成长性(*TOB*)。如前所述,从理论上分析成长性对公司资本结构的影响是不明确的,实证文献也没有得出相一致的研究结论。本书使用大多数文献采用的托宾 Q 值来衡量公司的成长性(王娟和杨凤林,2002)[120]。其中,托宾 Q 值=(期末总负债账面价值+期末流通股市值+每股净资产×非流通股股数)/期末账面总资产。

(5)行业(*INDU*)。Scott 和 Martin(1975)认为,属于同一个行业的公司面临着相似的市场环境和风险特征,因此它们的杠杆比例也不会有太大的变化[106]。国内外学者的研究普遍认为行业是影响资本结构的一个重要因素。根据证监会 2001 年颁布和实施的《上市公司行业分类指引》,上市公司共分为13 个大类行业,本书对制造业进一步按二级代码分类标准细分为 10 个小类。由于不包含金融、保险类样本公司,因此最终共有 21 个行业,以农、林、牧、渔业为参照类,共设置了 20 个行业虚拟变量。当上市公司属于某行业时,该行业虚拟变量取值为 1,否则取值为 0。

(6)年度(*YEAR*)。用来控制年度间宏观经济政策差异的影响,由于本书选取的是 2004—2009 年共 6 年的样本数据,因此,以 2004 年为基准,共设置5 个年度虚拟变量。当样本观测值属于某个年度时,该年度虚拟变量取值为1,否则该变量取值为 0。

4.3 假设检验方法与模型构建

4.3.1 假设检验方法

本书主要采用以下假设检验方法实证检验前述提出的各项研究假设。

1. 描述性统计分析

描述性统计分析是用数学语言表述样本的特征或者样本各变量间关联的

特征,用来概括和解释样本数据的(李怀祖,2004)[217]。通过对实际控制人、市场化环境和资本结构相关研究变量的描述,发现其中存在的问题,通过对各类型实际控制人所控制公司资本结构特征的描述,可以直观分析资本结构在不同实际控制人产权类型公司间的差异。

2. 相关性分析

相关性分析就是揭示各变量之间线性相关程度大小的分析。由于本书的研究目的主要就是揭示实际控制人特征、市场化环境变量与资本结构之间的关系,为了检验各变量之间的线性相关程度有必要通过相关性分析来计算它们之间的相关程度和显著性。通过相关性分析,可以直观看出各相应变量之间的相关性和显著程度,为研究假设的论证提供初步的证据,为进行多元线性回归分析提供一定的基础。

3. 方差分析和均值差异显著性 t 检验

单因素方差分析用于对单个因素多个独立样本均值差异进行比较,均值差异显著性 t 检验用于检验两个相关样本平均数是否存在显著性差异(李志辉和罗平,2005)[218]。对于不同政府行政级别控制公司、不同代理链层级公司平均资产负债率水平的差异是否具有显著性需要借助方差分析来判断。对于政府股东通过国有资产管理机构控制的上市公司与通过实业公司控制的上市公司资产负债率水平的差异显著性需要借助均值差异显著性 t 检验来判断。

4. 多重共线性检验

在进行多元线性回归分析时,需要检验各变量之间是否存在严重的多重共线性,以防研究模型的估计失真或准确性降低。多重共线性是指由于某些解释变量之间的相关性较高,会相互削弱各自对因变量的边际影响,进而使回归系数数值下降、标准误扩大,最终会导致出现回归方程整体显著,但各个自变量都不显著的现象(郭志刚,2004)[219]。多重共线性会造成方程回归系数的不可靠,进行多元线性回归分析需要对回归模型各自变量间的多重共线性问题进行检验(Wooldridge,2003)[220]。最常用的多重共线性诊断方法即使用方差膨胀因子(VIF)值和容忍度(Tolerance)来判断,一般认为如果方差膨胀因子(VIF)值超过 10 或容忍度(Tolerance)小于 0.1,即表示多重共线性问题较为严重,会影响到回归方程的最小二乘估计值。

5. 多元线性回归分析

多元线性回归分析是检验因变量与多个随机变量之间线性关系的统计方法(郭志刚,2004)[219]。资本结构的影响因素是多方面的,因此,仅仅考虑本书的研究变量是不充分的,有必要在控制其他影响公司资本结构变量的前提下,对本书的研究变量与公司资本结构之间的关系进行验证,以确保研究结论的可靠性。本书主要采用多元线性回归分析的方法来检验所提出的研究假设的可靠性。

4.3.2　模型构建

在对资本结构、实际控制人特征相关变量、市场化环境相关变量和有关控制变量进行测度的基础上,借鉴学者已有的相关研究成果(Rajan 和 Zingales,1995;Bunkanwanicha,Gupta 和 Rokhim,2008;苏坤和杨淑娥,2009)[88,121,135],本研究主要构建以下多元线性回归模型来检验相关研究假设是否成立。

1. 实际控制人与公司资本结构间关系的模型构建

在检验实际控制人与公司资本结构间的关系时(假设1～假设9),本研究主要采用式(4-5)来进行。变量 $CONT_{it}$ 表示实际控制人的相关特征变量。当检验假设1、假设2、假设4、假设6、假设7、假设8、假设9时,变量 $CONT_{it}$ 分别表示实际控制人控制权与现金流权的分离程度(DIV)、现金流权(CR)、控制权(VR)、政府行政级别($GOVR$)、代理链层级(LAY)、代理链链条数($CHAIN$)和是否通过实业公司控制变量($INDC$)。当检验假设3时,变量 $CONT_{it}$ 表示实际控制人控制权与现金流权的分离程度(DIV)及现金流权变量与两权分离程度变量的交叉项($CRDIV$)两类变量。当检验假设5时,变量 $CONT_{it}$ 表示实际控制人控制权与现金流权的分离程度(DIV)及是否国有控制变量与两权分离程度变量的交叉项($STADIV$)两类变量。其中,对于实际控制人控制权与现金流权的分离程度(DIV)变量,又有三种表示方法:两权是否分离(DIV_1)、两权分离绝对程度(DIV_2)和两权分离相对程度(DIV_3)。代理链层级(LAY)分别采用最长代理链层级($LLAY$)和最短代理链层级($SLAY$)两种衡量方法。在进行假设6和假设9的实证检验时,所使用的样本仅为国有控制公司样本,而其他假设的检验均使用全样本进行分析。依次对上述相关变量采用式(4-5)进行回归分析,以验证有关实际控制人与公司资本结构之间的关系。

$$LEV_{it} = \alpha_0 + \beta_1 CONT_{it} + \beta_2 SIZE_{it} + \beta_3 CVA_{it} + \beta_4 ROA_{it} +$$

$$\beta_5 TOB_{it} + \sum_{j=1}^{20} \beta_{(5+j)} INDU_{jit} + \sum_{k=1}^{5} \beta_{(25+k)} YEAR_{kit} + \varepsilon_{it} \qquad (4-5)$$

在式(4-5)中,α_0 表示截距项,β 表示回归系数,ε 表示误差项,i 表示公司,

t 表示会计期间。

2. 市场化环境与公司资本结构间关系的模型构建

在检验市场化环境与公司资本结构之间的关系时(假设 10 ～ 假设 12),本研究主要采用式(4-6)来进行。市场化环境变量 $ENVI_{it}$ 表示市场化环境的相关特征变量。当检验假设 10、假设 11 和假设 12 时,市场化环境变量 $ENVI_{it}$ 分别表示地区市场化程度(MAR)、政府干预程度($GOVI$)和法律环境(LAW)变量。依次对上述相关变量采用式(4-6)进行回归分析,以验证有关市场化环境与公司资本结构之间的关系。

$$LEV_{it} = \alpha_0 + \beta_1 ENVI_{it} + \beta_2 SIZE_{it} + \beta_3 CVA_{it} + \beta_4 ROA_{it} +$$

$$\beta_5 TOB_{it} + \sum_{j=1}^{20} \beta_{(5+j)} INDU_{jit} + \sum_{k=1}^{5} \beta_{(25+k)} YEAR_{kit} + \varepsilon_{it} \qquad (4-6)$$

在式(4-6)中,α_0 表示截距项,β 表示回归系数,ε 表示误差项,i 表示公司,t 表示会计期间。

3. 不同市场化环境下实际控制人对资本结构影响差异的模型构建

在检验不同市场化环境下实际控制人对资本结构影响差异的研究假设时(假设 13 ～ 假设 15),借鉴肖作平(2009)的检验方法[209],主要采用式(4-7)来进行。变量 DIV_{it} 表示实际控制人控制权与现金流权的分离程度,市场化环境变量 $ENVI_{it}$ 表示市场化环境的相关变量。当检验假设 13、假设 14、假设 15 时,市场化环境变量 $ENVI_{it}$ 分别表示地区市场化程度(MAR)、政府干预程度($GOVI$)和法律环境(LAW)。其中,对于实际控制人控制权与现金流权的分离程度(DIV)变量,又有三种表示方法:两权是否分离(DIV_1)、两权分离绝对程度(DIV_2)和两权分离相对程度(DIV_3)。依次对上述相关变量采用式(4-7)进行回归分析,以验证不同市场化环境下实际控制人对资本结构影响差异的研究假设。

$$LEV_{it} = \alpha_0 + \beta_1 DIV_{it} + \beta_2 ENVI_{it} \times DIV_{it} + \beta_3 SIZE_{it} + \beta_4 CVA_{it} +$$

$$\beta_5 ROA_{it} + \beta_6 TOB_{it} + \sum_{j=1}^{20} \beta_{(6+j)} INDU_{jit} +$$

$$\sum_{k=1}^{5} \beta_{(26+k)} YEAR_{kit} + \varepsilon_{it} \qquad (4-7)$$

在式(4-7)中,α_0 表示截距项,β 表示回归系数,ε 表示误差项,i 表示公司,t 表示会计期间。

4. 不同实际控制人类型下市场化环境对资本结构影响差异的模型构建

在检验不同实际控制人类型下市场化环境对资本结构影响差异的研究假

设时(假设 16 ～ 假设 18),主要采用式(4-8)来进行。市场化环境变量 $ENVI_{it}$ 表示市场化环境的相关特征变量。当检验假设 16、假设 17、假设 18 时,市场化环境变量 $ENVI_{it}$ 分别表示地区市场化程度(MAR)、政府干预程度($GOVI$)和法律环境(LAW)。依次对上述相关变量采用式(4-8)进行回归分析,以验证不同实际控制人类型下市场化环境对资本结构影响差异的研究假设。

$$LEV_{it} = \alpha_0 + \beta_1 ENVI_{it} + \beta_2 STA_{it} \times ENVI_{it} + \beta_3 SIZE_{it} +$$

$$\beta_4 CVA_{it} + \beta_5 ROA_{it} + \beta_6 TOB_{it} + \sum_{j=1}^{20} \beta_{(6+j)} INDU_{jit} +$$

$$\sum_{k=1}^{5} \beta_{(26+k)} YEAR_{kit} + \varepsilon_{it} \tag{4-8}$$

在式(4-8)中,α_0 表示截距项,β 表示回归系数,ε 表示误差项,i 表示公司,t 表示会计期间。

4.4 本章小结

本章对如何利用中国证券市场上市公司的数据实证检验所提出的相关研究假设进行了具体的研究设计。首先,详细说明了研究样本的选取过程、数据来源与样本数据收集方法,并对最终选取研究样本的行业、年度分布状况进行了描述。其次,在借鉴以往学者研究成果和经验的基础上,详细介绍了资本结构、实际控制人特征相关变量、市场化环境相关变量和控制变量的选取及衡量、测度方法,本研究所涉及的相关研究变量汇总见表 4-2。最后,介绍了对相关研究假设进行实证检验所运用的假设检验方法,并对相关研究假设进行实证检验所使用的模型进行了详细的构建与说明。本章所做的工作为进行实证检验奠定了基础。

表 4-2 变量定义明细表

变量类型	变量名称	变量标识	定义或计算公式
资本结构	资产负债率	LEV	期末总负债 / 期末总资产
	现金流权	CR	各条控制链各层股东持股比例乘积的加总
	控制权	VR	各条控制链各层股东投票权最小值的加总
	是否分离	DIV_1	当控制权大于现金流权时,取 1,否则取 0
	分离绝对程度	DIV_2	$DIV_2 = VR - CR$
	分离相对程度	DIV_3	$DIV_3 = (VR - CR)/VR$

续 表

变量类型	变量名称	变量标识	定义或计算公式
实际控制人特征	是否国有控股	STA	当公司属于国有控股时,取值为1,否则为0
	政府行政级别	GOVR	中央政府控制时取值为1,省级政府控制时取值2,市、县级政府控制时取值3
	最长代理链层级	LLAY	实际控制人到上市公司最长代理链的长度
	最短代理链层级	SLAY	实际控制人到上市公司最短代理链的长度
	代理链链条数	CHAIN	实际控制人到上市公司的代理链链条数
	是否实业控制	INDC	当政府通过实业公司控制时,取值为1,否则取0
市场化环境	市场化程度	MAR	取自《中国市场化指数》(2010)中的市场化进程总体指数
	政府干预程度	GOVI	取自《中国市场化指数》(2010)中的二级指数"政府与市场的关系"指数
	法律环境	LAW	取自《中国市场化指数》(2010)中的二级指数"市场中介组织发育和法律制度环境"指数
	公司规模	SIZE	ln(期末总资产)
	资产可抵押价值	CVA	(存货＋固定资产)/总资产
	盈利能力	ROA	2×净利润/(总资产期初余额＋总资产期末余额)
控制变量	成长性	TOB	(总负债＋流通股市值＋每股净资产×非流通股股数)/总资产
	行业虚拟变量	$INDU_j$	当公司属于行业 j 时,该虚拟变量取1,否则为0
	年度虚拟变量	$YEAR_k$	当公司属于年度 k 时,该虚拟变量取1,否则为0

第5章　实证检验结果

在理论分析、研究假设提出以及实证研究设计的基础上,本章运用描述性统计分析、相关性分析和多元线性回归分析等统计方法,对所提出的研究假设从实际控制人与公司资本结构间的关系、市场化环境与公司资本结构间的关系、不同市场化环境下实际控制人对资本结构影响的差异以及不同实际控制人类型下市场化环境对资本结构影响的差异进行实证检验。

5.1　描述性统计与相关性分析

5.1.1　描述性统计分析

将全部样本的主要相关变量观测值进行描述性统计分析,结果见表5-1,其中全部样本量为7 729,而政府行政级别($GOVR$)和是否通过实业公司控制($INDC$)两个变量主要针对国有控制公司而言,因而它们的样本量为5 099。从表中可以看出,全体样本公司的资产负债率(LEV)平均为48.89%,中值为50.18%,总体上处于一种比较折中的资本结构状态。

表5-1　描述性统计分析表

变量	样本量	最小值	最大值	均值	中值	标准差	方差
LEV	7 729	0.008 1	0.993 8	0.488 9	0.501 8	0.184 7	0.034 1
CR	7 729	0.005 0	0.920 0	0.337 7	0.316 2	0.176 9	0.031 3
VR	7 729	0.100 0	0.920 0	0.397 1	0.387 3	0.155 7	0.024 3
DIV_1	7 729	0.000 0	1.000 0	0.455 8	0.000 0	0.498 1	0.248 1
DIV_2	7 729	0.000 0	0.423 5	0.059 5	0.000 0	0.084 6	0.007 2
DIV_3	7 729	0.000 0	0.979 3	0.172 7	0.000 0	0.244 2	0.059 6
$LLAY$	7 729	1.000 0	9.000 0	2.437 2	2.000 0	0.916 7	0.840 3
$SLAY$	7 729	1.000 0	8.000 0	2.257 1	2.000 0	0.823 0	0.677 3

续 表

变量	样本量	最小值	最大值	均值	中值	标准差	方差
CHAIN	7 729	1.000 0	9.000 0	1.281 1	1.000 0	0.704 4	0.496 1
STA	7 729	0.000 0	1.000 0	0.659 7	1.000 0	0.473 8	0.224 5
GOVR	5 099	1.000 0	3.000 0	2.064 5	2.000 0	0.818 5	0.670 0
INDC	5 099	0.000 0	1.000 0	0.919 4	1.000 0	0.272 3	0.074 1
MAR	7 729	1.550 0	11.710 0	8.486 6	8.630 0	2.072 7	4.296 1
GOVI	7 729	−1.090 0	10.650 0	9.078 2	9.300 0	1.364 6	1.862 1
LAW	7 729	1.530 0	16.610 0	8.015 7	6.920 0	3.810 1	14.516 8
SIZE	7 729	18.157 2	28.003 1	21.512 2	21.378 1	1.128 5	1.273 5
CVA	7 729	0.000 0	0.974 6	0.468 5	0.465 0	0.173 7	0.030 2
ROA	7 729	−0.998 6	0.466 0	0.036 1	0.034 1	0.071 5	0.005 1
TOB	7 729	0.734 1	16.398 3	1.643 8	1.322 0	0.948 8	0.900 3

对于实际控制人特征而言,实际控制人现金流权(CR)水平平均为33.77%,中值为31.62%,而控制权(VR)水平平均为39.71%,中值为38.73%,说明实际控制人平均用33.77%的所有权(现金流权)掌握了上市公司39.71%的控制权,实际控制人控制权与现金流权存在着一定程度的偏离。从两权分离程度的具体指标来看,在全体样本公司中,大约有45.58%的公司存在着实际控制人控制权与现金流权相分离(DIV_1)的现象。实际控制人控制权与现金流权分离的绝对程度(DIV_2)平均为5.95%,两权分离相对程度(DIV_3)平均为17.27%。实际控制人控制上市公司的代理链层级最长为9层,最短为1层,最长代理链层级(LLAY)平均为2.437 2,中值为2,最短代理链层级(SLAY)平均为2.257 1,中值为2,不同实际控制人控制上市公司的代理链层级差异较大,但从上述变量特征可以看出实际控制人使用最多的代理链层级为2层。实际控制人控制上市公司的代理链链条数最多为9条,最少为1条,代理链链条数(CHAIN)平均为1.281 1,中值为1,说明不同实际控制人控制上市公司的代理链链条数差异较大,但至少一半以上的实际控制人都仅通过1条代理链来控制上市公司。在所有样本公司中,大约有65.97%的公司为国有控制公司(STA),国有控制公司所占的样本比例较大。对于国有控制公司而言,政府行政级别(GOVR)平均值为2.064 5,中值为2,说明由

中央级政府控制的上市公司和由市、县级政府控制的上市公司样本量相差不大。在国有控制公司样本中,大多数实际控制人都是通过国有实业公司（$INDC$）来间接控制上市公司的,平均值达到 91.94%。

对于市场化环境特征而言,在样本期间（2004—2009 年）内,市场化程度（MAR）最低的为 1.55,最高的为 11.71,市场化程度平均为 8.486 6,中值为8.63,说明我国总体市场化进程很不平衡,各地区市场化程度存在着较大的差别。对政府干预程度（$GOVI$）而言,政府干预指数得分最小值为 -1.09,最大值为 10.65,平均值为 9.078 2,中值为 9.30,各地区的政府干预程度相差较大。表示法律环境（LAW）的指数得分最小值为 1.53,最大值为 16.61,平均值为 8.015 7,中值为 6.92,位于不同地区的上市公司所面临的法律环境也存在着较大的差异。

从控制变量描述特征来看,取对数以后的资产规模（$SIZE$）平均为21.512 2,中值为 21.378 1,上市公司在资产规模方面存在较大的差异。资产可抵押价值（CVA）最小值为 0,最大为 97.46%,平均为 46.85%,中值为 46.5%,说明各个上市公司可用于抵押的资产相差较多。总体而言,上市公司有将近一半（46.85%）的资产属于可抵押资产。上市公司的资产收益率（ROA）平均为 3.61%,中值为 3.41%,说明我国上市公司总体盈利能力水平相对较低。从表示上市公司成长性的 TOB 值来看,其均值为 1.643 8,中值为1.322 0,各个上市公司在成长性方面存在较大的差异。

为了更清晰地描述不同实际控制人特征的样本公司分布状况,本研究进一步按照实际控制人性质分类和代理链层级及代理链链条数分类进行描述。表 5-2 为按实际控制人性质特征分类的样本描述结果。从表中可以看出,随着我国资本市场的发展,样本上市公司是逐年稳步增长的,而伴随着样本上市公司总量的不断扩大,非国有上市公司的增长速度更快,从 2004—2009 年仅仅 5 年的时间就增长了 75%。与此同时,国有控制上市公司总量经历了一个先逐步下降、后逐步上升的过程,上升的速度与样本总量的增长速度相比较缓慢,从国有和非国有控制上市公司样本量的变化趋势对比来看,呈现一个显著的"国退民进"的特点,这与我国国企改革的进程是相符合的。从各级政府控制的国有上市公司分布来看,中央级政府控制的上市公司逐年递增,省级政府控制的上市公司数量基本变化不大,而市、县级政府控制的上市公司数量则呈逐年递减的趋势。从总体分布情况来看,中央级政府控制的上市公司占国有控制上市公司样本总量的 30.48%，省级政府控制的占 32.59%，而市、县级政府控制的占 36.93%。从国有实际控制人的控制权行使方式来看，通过国有资产管理机构控制的上市公司仅占 8.06%，且呈逐年递减的趋势，而通过国有实业公司控制的上市公司比例则比较大，达到 91.94%，且占国有总样本的比例呈现逐年递增的趋势。这说明政府对国有上市公司的控制权行使方式有从通过国有资产管理机构（公司）控制向通过国有实业公司控制转变的趋势。

表 5-2　实际控制人性质分布表

性质	2004 年	2005 年	2006 年	2007 年	2008 年	2009 年	总计	占比 /（%）
中央级	233	249	249	254	280	289	1 554	30.48
省级	273	275	271	276	280	287	1 662	32.59
市、县级	360	339	303	299	297	285	1 883	36.93
国资管	84	75	67	62	63	60	411	8.06
国实业	782	788	756	767	794	801	4 688	91.94
国有	866	863	823	829	857	861	5 099	65.97
非国有	327	344	398	463	526	572	2 630	34.03
总计	1 193	1 207	1 221	1 292	1 383	1 433	7 729	100

　　样本公司实际控制人代理链层级的分布描述见表5-3和表5-4。无论是从表5-3最长代理链层级（$LLAY$）还是从表5-4最短代理链层级（$SLAY$）来看，实际控制人大多是通过2层或3层代理链来控制上市公司的，其中通过2层代理链控制的上市公司占到总样本比例的一半以上。与非国有上市公司相比，国有实际控制人直接控制的上市公司（通过1层代理链）相对较少。通过较长代理链（5层或以上）来控制的上市公司也相对比较少。

表 5-3　实际控制人最长代理链层级（$LLAY$）分布表

$LLAY$	1	2	3	4	5	6	7 及以上	总计
国有	228	2 885	1 467	387	105	22	5	5 099
非国有	420	1 336	561	207	69	23	14	2 630
总计	648	4 221	2 028	594	174	45	19	7 729
占比 /（%）	8.38	54.61	26.24	7.69	2.25	0.58	0.25	100

表 5 - 4　　实际控制人最短代理链层级(*SLAY*) 分布表

SLAY	1	2	3	4	5	6	7 及以上	总计
国有	265	3 179	1 341	253	48	9	4	5 099
非国有	710	1 281	456	122	38	17	6	2 630
总计	975	4 460	1 797	375	86	26	10	7 729
占比 /(%)	12.61	57.7	23.25	4.85	1.11	0.34	0.13	100

　　样本公司实际控制人代理链链条数的分布状况描述见表5-5。从表中可以看出,无论是在国有控制公司还是非国有控制上市公司,绝大多数实际控制人都仅通过1条代理链链条来控制上市公司(81.41%),通过2条代理链链条控制上市公司的比例为12.46%,而通过3条或3条以上代理链链条来控制上市公司的比例相对较少。比较两类公司可知,非国有控制公司实际控制人与国有控制公司实际控制人通过2条或3条代理链链条来控制上市公司的数量相差不多,说明与国有控制公司相比,非国有控制公司实际控制人更倾向于通过2条或3条代理链链条来控制上市公司,非国有控制公司实际控制人采取多链条结构的动机相对更强。结合上述关于代理链层级的分析,可以看出实际控制人在运用代理链方面,更注重代理链的多层级结构,而对多链条结构的使用相对较少。

表 5 - 5　　实际控制人代理链链条数分布表

CHAIN	1	2	3	4	5	6	7 及以上	总计
国有	4 362	465	152	77	33	4	6	5 099
非国有	1 930	498	149	35	13	4	1	2 630
总计	6 292	963	301	112	46	8	7	7 729
占比 /(%)	81.41	12.46	3.89	1.45	0.60	0.10	0.09	100

5.1.2　相关性分析

　　由于本研究的某些变量(如政府行政级别和是否通过实业公司控制等)仅涉及国有控制公司样本,因此,本研究根据具体变量所涉及的样本不同,分别就总体样本和国有控制公司样本进行 Pearson(皮尔逊)相关性分析检验。总体样本的 Pearson 相关性分析检验结果见表 5 - 6,其样本量为 7 729;国有控制公司样本的 Pearson 相关性分析检验结果见表 5 - 7,其样本量为 5 099。表中列示了各相关变量的相关性系数及其显著性检验结果。

从全体样本的 Pearson 相关性分析检验表 5 - 6 可以看出,公司资产负债率(LEV)与反映实际控制人控制权与现金流权分离程度的三个指标(控制权与现金流权是否分离(DIV_1)、控制权与现金流权分离绝对程度(DIV_2)、控制权与现金流权分离相对程度(DIV_3))均呈正相关关系,其相关系数分别为 0.014 5,0.024 8 和 0.044 4,且控制权与现金流权分离绝对程度(DIV_2)、控制权与现金流权分离相对程度(DIV_3) 两个变量与资产负债率(LEV)的正相关关系分别在 5% 和 1% 的水平上显著。上述分析结果表明,实际控制人控制权与现金流权分离程度对公司资产负债率是一种显著的正向影响,初步验证了假设 1。公司资产负债率(LEV)与实际控制人现金流权(CR)之间的相关系数为 - 0.079 2,且在 1% 的水平上显著,说明资产负债率(LEV)与实际控制人现金流权(CR)呈显著负相关关系,假设 2 得到初步验证。公司资产负债率(LEV)与实际控制人控制权(VR)之间的相关系数为 - 0.076 5,且在 1% 的水平上显著,说明资产负债率(LEV)与实际控制人控制权(VR)呈显著负相关关系,假设 4 得到初步验证。公司资产负债率(LEV)与实际控制人最长代理链层级($LLAY$)和最短代理链层级($SLAY$)之间的相关系数分别为 0.072 9 和 0.076 1,且均在 1% 的水平上显著,说明实际控制人代理链层级与公司资产负债率呈显著正相关关系,初步验证了假设 7。公司资产负债率(LEV)与实际控制人代理链链条数($CHAIN$)之间的相关系数为 - 0.036 2,且在 1% 的水平上显著,说明实际控制人代理链链条数($CHAIN$)与公司资产负债率呈显著负相关关系,与研究假设方向相反,假设 8 并没有得到验证。

公司资产负债率(LEV)与市场化环境变量市场化程度(MAR)、政府干预程度($GOVI$)和法律环境(LAW)之间的相关系数分别为 - 0.046 5,- 0.044 3 和 - 0.052 6,且均在 1% 的水平上显著,由于变量 $GOVI$ 是政府干预程度的反向衡量指标,表明市场化程度(MAR)和法律环境(LAW)与资产负债率(LEV)呈显著负相关关系,政府干预程度($GOVI$)与资产负债率(LEV)呈显著正相关关系,假设 10 ~ 假设 12 均得到了初步的验证。

从控制变量来看,公司规模($SIZE$)和资产可抵押价值(CVA)均在1%的水平上与公司资产负债率(LEV)显著正相关,公司盈利能力(ROA)与公司资产负债率(LEV)在1%的水平上显著负相关,这说明公司规模($SIZE$)和资产可抵押价值(CVA)对公司资产负债率是一种正向的影响,而公司盈利能力(ROA)对公司资产负债率是一种负向的影响,这与上述的理论分析是相一致的。公司成长性(TOB)与公司资产负债率(LEV)在1%的水平上显著负相关,表明成长性(TOB)对公司资产负债率是一种负向的影响。

表5-6所涉及的模型各自变量之间的相关性系数普遍比较小,相关性系数的绝对值均不超过0.300,因此表中所涉及的模型各变量之间基本不存在严重的多重共线性问题,可以将其放入同一个模型进行回归分析。

从国有控制公司样本的Pearson相关性分析检验表5-7可以看出,公司资产负债率(LEV)与政府行政级别($GOVR$)之间的相关性系数为0.052 8,且在1%的水平上显著,由于政府行政级别($GOVR$)值越大代表政府层级越低,说明国有控制公司的实际控制人(政府)行政级别越低,公司资产负债率(LEV)水平就越高,初步验证了假设6。公司资产负债率(LEV)与反映国有实际控制人是否通过实业公司来控制上市公司的虚拟变量($INDC$)之间的相关系数为-0.044 5,并且在1%的水平上显著,说明对于国有控制公司样本而言,实际控制人通过实业公司控制的上市公司具有相对较低的资产负债率水平,而政府股东直接控制或通过国有资产管理机构(公司)控制的上市公司具有相对较高的资产负债率水平,假设9得到初步验证。控制变量与公司资产负债率(LEV)之间的关系与表5-6相同,公司规模($SIZE$)与公司资产负债率(LEV)在1%的水平上显著正相关,公司资产可抵押价值(CVA)也在1%的水平上与公司资产负债率(LEV)显著正相关,公司盈利能力(ROA)与公司资产负债率(LEV)在1%的水平上显著负相关,公司成长性(TOB)与公司资产负债率(LEV)在1%的水平上显著负相关,说明公司成长性对公司资产负债率是一种显著的负向影响。表5-7所涉及的模型各自变量之间的相关性系数值普遍比较小,相关性系数的绝对值均不超过0.300,因此该表所涉及的模型各变量间基本不存在严重的多重共线性问题,可以将其放入同一个模型进行回归分析。

表 5－6　全体样本各变量 Pearson 相关性分析检验表

	LEV	DIV_1	DIV_2	DIV_3	CR	VR	LLAY	SLAY	CHAIN	MAR	GOVI	LAW	SIZE	CVA	ROA
LEV	1.000 0														
DIV_1	0.014 5	1.000 0													
DIV_2	0.024 8**	0.767 5***	1.000 0												
DIV_3	0.044 4***	0.772 6***	0.893 3***	1.000 0											
CR	-0.079 2***	-0.487 7***	-0.474 3***	-0.638 5***	1.000 0										
VR	-0.076 5***	-0.136 9***	0.004 8	-0.239 7***	0.878 1***	1.000 0									
LLAY	0.072 9***	0.424 2***	0.436 9***	0.415 9***	-0.190 0***	0.021 6*	1.000 0								
SLAY	0.076 1***	0.324 6***	0.381 9***	0.387 8***	-0.199 7***	-0.019 3*	0.857 5***	1.000 0							
CHAIN	-0.036 2***	0.229 2***	0.143 5***	0.091 4*	0.023 8*	0.105 0***	0.397 6***	0.004 1	1.000 0						
MAR	-0.046 5***	0.011 7	-0.000 8	-0.026 9*	0.010 5	0.011 5	-0.017 7	-0.106 3***	0.124 8***	1.000 0					
GOVI	-0.044 3***	0.009 5	-0.012 5	-0.032 5*	0.015 9	0.011 3	-0.011 6	-0.080 7***	0.091 9***	0.849 9***	1.000 0				
LAW	-0.052 6***	0.016 4	0.004 6	-0.021 1*	0.007 4	0.010 9	-0.011 1	-0.092 9***	0.120 7***	0.935 0***	0.712 1***	1.000 0			
SIZE	0.317 0***	-0.091 7***	-0.037 4***	-0.077 9***	0.205 0***	0.212 6***	0.051 6***	0.047 7*	-0.012 8	0.094 7***	0.050 6***	0.088 7***	1.000 0		
CVA	0.224 2***	-0.060 6***	-0.038 4***	-0.046 6***	0.061 3***	0.048 6***	-0.019 6*	0.004 9	-0.057 1***	-0.133 9***	-0.089 2***	-0.137 7***	0.173 1***	1.000 0	
ROA	-0.370 9***	-0.024 0*	-0.003 7	-0.059 3***	0.147 3***	0.165 3***	-0.057 1*	-0.089 5***	0.054 0*	0.116 9***	0.086 5***	0.098 7***	0.139 3***	-0.088 6***	1.000 0
TOB	-0.212 0***	0.050 3***	-0.002 2	0.016 2	-0.101 1***	-0.116 1***	0.003 0	-0.020 5*	0.060 1***	0.111 8***	0.057 1***	0.116 5***	-0.186 9***	-0.158 4***	0.201 8***

注：*，**，*** 分别表示双尾检验在 10%、5% 和 1% 水平上显著。

表 5-7　国有控制公司样本各变量 Pearson 相关性分析检验表

	LEV	GOVR	INDC	SIZE	CVA	ROA	TOB
LEV	1.000 0						
GOVR	0.052 8***	1.000 0					
INDC	-0.044 5***	-0.305 0***	1.000 0				
SIZE	0.282 2***	-0.155 2***	0.071 3***	1.000 0			
CVA	0.166 8***	0.100 1***	-0.050 3***	0.129 8***	1.000 0		
ROA	-0.344 9***	-0.065 1***	0.049 3***	0.190 6***	-0.060 4***	1.000 0	
TOB	-0.184 1***	-0.065 4***	0.004 1	-0.149 1***	-0.144 6***	0.195 4***	1.000 0

注：*，**，*** 分别表示双尾检验在 10%，5% 和 1% 水平上显著。

5.2　实际控制人与公司资本结构间关系的验证

由于本部分所包含的实际控制人特征相关变量较多，根据上述对实际控制人特征所进行的分类，本部分分别从控制权、现金流权及其分离程度，实际控制人产权性质，实际控制人控制权行使方式等方面来分别验证实际控制人与公司资本结构之间的关系。

一、控制权、现金流权及其分离程度与资本结构间关系的验证

表 5-8 描述的是在控制其他变量的情况下，控制权、现金流权及其分离程度与公司资本结构间关系的多元回归分析结果，这里运用普通最小二乘法根据式(4-5)来分别验证假设 1～假设 4。多元回归分析检验多重共线性的方差膨胀因子(VIF)值远低于 10，容忍度(Tolerance)远大于 0.1(限于篇幅，这里没有列示各变量的方差膨胀因子值和容忍度)，也说明各变量之间不存在多重共线性问题，进一步印证了上述关于所建模型不存在严重多重共线性问题的推论。Adjust R^2，F 值和 D. W 值分别反映了回归方程的拟合优度、回归方程的显著性和残差序列的自相关情况。各回归方程的 F 值均较大，且在 1% 的水平上显著，说明回归方程的显著性水平较高。各回归方程的 D. W 值均在 2 附近，基本不存在自相关问题。

表 5-8　多元回归分析表（假设 1～假设 4）

变量	预期符号	①	②	③	④	⑤	⑥	⑦	⑧
		LEV							
常数项	?	-0.764 2*** (-19.901 0)	-0.761 2*** (-19.860 0)	-0.765 5*** (-19.968 3)	-0.760 7*** (-19.953 7)	-0.766 8*** (-19.978 2)	-0.767 1*** (-20.030 7)	-0.766 2*** (-19.989 9)	-0.752 4*** (-19.714 8)
DIV_1	+	0.012 8*** (3.702 9)				0.027 2*** (4.958 2)			
DIV_2	+		0.083 8*** (4.165 8)				0.217 1*** (6.269 3)		
DIV_3	+			0.035 6*** (5.087 9)				0.049 6*** (4.973 2)	
CR	-				-0.093 2*** (-9.270 3)				
$CRDIV_1$	-					-0.058 5*** (-3.381 5)			
$CRDIV_2$	-						-0.641 6*** (-4.725 4)		
$CRDIV_3$	-							-0.112 8** (-1.968 6)	

续表

变量	预期符号	LEV ①	②	③	④	⑤	⑥	⑦	⑧
VR	-								-0.094 2*** (-8.190 3)
SIZE	+	0.055 3*** (32.360 5)	0.055 1*** (32.308 0)	0.055 3*** (32.409 8)	0.057 1*** (33.320 2)	0.055 4*** (32.455 7)	0.055 4*** (32.506 8)	0.055 3*** (32.447 6)	0.056 9*** (33.158 2)
CVA	+	0.156 9*** (14.398 2)	0.156 9*** (14.399 8)	0.157 2*** (14.433 6)	0.157 2*** (14.490 6)	0.157 1*** (14.418 0)	0.156 9*** (14.420 1)	0.157 1*** (14.423 4)	0.155 9*** (14.357 4)
ROA	-	-0.983 3*** (-39.538 7)	-0.984 7*** (-39.610 9)	-0.978 2*** (-39.309 7)	-0.953 2*** (-38.148 2)	-0.972 2*** (-38.776 7)	-0.973 5*** (-39.039 5)	-0.974 2*** (-39.027 4)	-0.953 5*** (-38.017 6)
TOB	?	-0.011 7*** (-5.133 7)	-0.011 3*** (-4.977 0)	-0.011 6*** (-5.091 5)	-0.012 8*** (-5.619 9)	-0.012 1*** (-5.316 8)	-0.011 6*** (-5.113 7)	-0.011 7*** (-5.141 8)	-0.013 0*** (-5.708 5)
INDU		控制	控制	控制	控制	控制	控制	控制	控制
YEAR		控制	控制	控制	控制	控制	控制	控制	控制
Adjust R²		0.362 6	0.362 9	0.363 6	0.368 5	0.363 4	0.364 6	0.363 8	0.366 9
F值		147.519 6***	147.710 5***	148.157 6***	151.304 5***	143.323 3***	144.062 0***	143.556 9***	150.316 4***
D.W值		2.006 9	2.005 3	2.006 5	2.013 0	2.009 1	2.005 3	2.006 7	2.012 1
样本量		7 729	7 729	7 729	7 729	7 729	7 729	7 729	7 729

注：（）内表示 t 值；*，**，*** 分别表示双尾检验在 10%、5% 和 1% 水平上显著。

从表 5-8 的①～③可以看出,在控制其他影响公司资本结构因素的情况下,反映实际控制人控制权与现金流权分离程度的指标控制权与现金流权是否分离(DIV_1)、控制权与现金流权分离绝对程度(DIV_2)、控制权与现金流权分离相对程度(DIV_3)的回归系数分别为 0.012 8,0.083 8 和 0.035 6,且均在 1% 的水平上显著,其回归系数符号与预期符号一致,说明在控制了其他影响公司资本结构因素的情况下,实际控制人控制权与现金流权的分离程度对公司资产负债率(LEV)具有显著的正向影响,假设 1 得到验证。从该表④可以看出,在控制其他影响公司资本结构因素的情况下,实际控制人现金流权(CR)的回归系数为 -0.093 2,并在 1% 的水平上显著,其回归系数符号与预期符号一致,说明在控制了其他影响公司资本结构因素的情况下,实际控制人现金流权(CR)与公司资产负债率(LEV)显著负相关,假设 2 得到验证。从表 5-8 的⑤～⑦可以看出,在控制其他影响公司资本结构因素的情况下,反映实际控制人控制权与现金流权分离程度的指标控制权与现金流权是否分离(DIV_1)、控制权与现金流权分离绝对程度(DIV_2)、控制权与现金流权分离相对程度(DIV_3)仍然在 1% 的水平上与公司资产负债率(LEV)显著正相关,进一步证实了假设 1。同时,反映实际控制人控制权与现金流权分离程度的指标与实际控制人现金流权交叉项($CRDIV_1$,$CRDIV_2$,$CRDIV_3$)的回归系数分别为 -0.058 5,-0.641 6 和 -0.112 8,且分别在 1%、1% 和 5% 的水平上显著,其回归系数符号与预期符号一致,说明在控制了其他影响公司资本结构因素的情况下,随着实际控制人现金流权的增加,实际控制人两权分离程度对公司资产负债率的正向影响逐渐变小,假设 3 得到验证。从表 5-8 中⑧可以看出,在控制其他影响公司资本结构因素的情况下,实际控制人控制权(VR)的回归系数为 -0.094 2,并在 1% 的水平上显著,其回归系数符号与预期符号一致,说明在控制了其他影响公司资本结构因素的情况下,实际控制人控制权(VR)与公司资产负债率(LEV)显著负相关,假设 4 得到验证。

从表 5-8 回归模型的控制变量来看,控制变量与公司资产负债率(LEV)之间的关系与本书相关性分析部分的结论相一致,且均在 1% 的水平上显著,进一步说明了公司规模($SIZE$)和资产可抵押价值(CVA)对公司资产负债率(LEV)具有显著的正向影响,而公司盈利能力(ROA)和公司成长性(TOB)对公司资产负债率(LEV)具有显著的负向影响。

二、实际控制人产权性质与资本结构间关系的验证

1. 国有实际控制人政府行政级别的方差分析

为了直观考察国有控制公司的资产负债率水平在不同政府行政级别所控制公司间的差异，以下按照政府行政级别分类对其控制公司资产负债率水平进行描述，并对资产负债率水平在不同政府行政级别控制公司间的均值差异进行方差分析，结果见表 5 - 9。从表中可以看出，中央级政府所控制公司的资产负债率水平平均为 48.91%，省级政府所控制公司的资产负债率水平平均为 49.85%，而市、县级政府控制公司的资产负债率水平平均为51.23%，随着政府行政级别的降低，资产负债率水平呈现递增的趋势。从其均值差异显著性检验的 F 值和显著性水平来看，不同政府行政级别所控制上市公司的资产负债率水平均值差异在 1% 的水平上显著，初步印证了假设 6。

表 5 - 9　不同政府行政级别所控制公司资产负债率均值的方差分析

GOVR	样本量	最小值	最大值	均值	标准差	F 值	Sig.
中央级	1 554	0.023 2	0.982 4	0.489 1	0.191 2		
省级	1 662	0.033 0	0.991 1	0.498 5	0.171 6	7.193 4***	0.000 8
市、县级	1 883	0.008 1	0.969 5	0.512 3	0.180 2		
总计	5 099	0.008 1	0.991 1	0.500 8	0.181 1		

注：*，**，***分别表示双尾检验在 10%，5% 和 1% 水平上显著。

2. 多元回归分析

表 5-10 描述的是在控制其他变量的情况下，实际控制人产权性质与公司资本结构间关系的回归分析结果，本部分运用普通最小二乘法根据式(4 - 5)分别验证假设 5 和假设 6。多元回归分析检验多重共线性的方差膨胀因子(VIF)值远低于 10，容忍度(Tolerance)远大于 0.1(限于篇幅，没有列示各变量的方差膨胀因子值和容忍度)，也说明各变量之间不存在多重共线性问题，进一步印证了上述关于所建模型不存在严重多重共线性问题的推论。各回归方程的 D. W 值均在 2 附近，基本不存在自相关问题。

从表 5-10 的①～②可以看出，在控制其他影响公司资本结构因素的情况下，反映实际控制人控制权与现金流权分离程度的三个指标控制权与现金流权是否分离(DIV_1)、控制权与现金流权分离绝对程度(DIV_2)、控制权与现金流权分离相对程度(DIV_3)仍然在 1% 的水平上与公司资产负债率(LEV)显著正相关，进一步证实了假设 1，同时，是否国有控制(STA)与两权分离程

度的交叉项($STADIV_1$,$STADIV_2$,$STADIV_3$)回归系数分别为$-0.011\,6$,$-0.069\,2$和$-0.011\,1$,其回归系数符号与预期符号一致,且$STADIV_1$和$STADIV_2$的回归系数均在5%的水平上显著,而$STADIV_3$的回归系数没有通过显著性检验,以上分析表明与非国有控制公司相比,国有控制公司实际控制人两权分离程度对公司资产负债率的正向影响相对较小,假设5基本得到验证。从表5-10的④可以看出,对于国有控制公司样本而言,在控制其他影响公司资本结构因素的情况下,政府行政级别($GOVR$)变量的回归系数为$0.015\,5$,并在1%的水平上显著,其回归系数符号与预期符号一致,说明对于国有控制公司样本,在控制了其他影响资本结构因素的情况下,政府行政级别越低,实际控制人所控制上市公司资产负债率水平就越高,假设6得到验证。控制变量与公司资产负债率之间的关系与之前的分析一致,在此不再赘述。

表 5-10　多元回归分析表(假设 5 和假设 6)

变量	预期符号	LEV			
		①	②	③	④
常数项	?	$-0.776\,5^{***}$ ($-20.021\,1$)	$-0.770\,1^{***}$ ($-19.970\,9$)	$-0.769\,1^{***}$ ($-19.962\,1$)	$-0.702\,6^{***}$ ($-14.225\,0$)
DIV_1	+	$0.018\,1^{***}$ ($4.315\,0$)			
DIV_2	+		$0.116\,0^{***}$ ($4.561\,3$)		
DIV_3	+			$0.039\,7^{***}$ ($4.814\,4$)	
$STADIV_1$	−	$-0.011\,6^{**}$ ($-2.231\,8$)			
$STADIV_2$	−		$-0.069\,2^{**}$ ($-2.068\,0$)		
$STADIV_3$	−			$-0.011\,1$ ($-0.932\,2$)	
$GOVR$	+				$0.015\,5^{***}$ ($5.737\,1$)

续　表

变量	预期符号	LEV			
		①	②	③	④
SIZE	+	0.055 8***	0.055 5***	0.055 4***	0.052 1***
		(32.376 8)	(32.358 8)	(32.359 6)	(24.656 9)
CVA	+	0.1577***	0.157 6***	0.157 4***	0.128 6***
		(14.467 0)	(14.458 4)	(14.446 9)	(9.468 7)
ROA	—	−0.985 1***	−0.986 0***	−0.978 7***	−0.999 5***
		(−39.600 3)	(−39.659 1)	(−39.320 3)	(−29.775 2)
TOB	?	−0.011 7***	−0.011 3***	−0.011 6***	−0.015 1***
		(−5.148 9)	(−4.968 1)	(−5.089 8)	(−4.675 8)
INDU		控制	控制	控制	控制
YEAR		控制	控制	控制	控制
Adjust R²		0.362 9	0.363 1	0.363 6	0.335 0
F 值		142.995 4***	143.144 4***	143.404 0***	89.571 3***
D.W 值		2.003 3	2.002 2	2.005 0	1.967 4
样本量		7 729	7 729	7 729	5 099

注:()内表示 t 值;*,**,***分别表示双尾检验在10%,5%和1%水平上显著。

三、实际控制人控制权行使方式与资本结构间关系的验证

1. 单变量分析

为了直观考察上市公司的资产负债率水平在不同实际控制人控制权行使方式之间的差异,以下按照实际控制人代理链层级长短(鉴于代理链层级在6层以上的上市公司数量较少,将代理链层级在6层或6层以上的归为一类)分类对公司资产负债率水平进行描述,并对不同代理链层级公司的资产负债率水平均值差异进行方差分析,结果见表5-11和表5-12。从表5-11可以看出,实际控制人通过1~6(包含6层以上)层代理链控制的上市公司资产负债率均值分别为42.38%,49.22%,49.66%,49.59%,51.96%和53.32%,随着最长代理链层级(LLAY)的延长资产负债率水平均值基本上呈现递增的趋

势,且从方差分析的结果来看,这种差异具有显著性。从表 5－12 可以看出,实际控制人通过 1～6(包含 6 层以上)层代理链控制的上市公司资产负债率均值分别为 42.88%,49.82%,49.34%,50.17%,51.31% 和 53.73%,随着最短代理链层级(SLAY)的延长资产负债率水平均值基本上呈现递增的趋势,且从方差分析的结果来看,这种差异具有显著性。资产负债率水平随代理链层级变化的折线图如图 5－1 所示,从图中也可以直观地看出随着代理链层级的延长,资产负债率水平呈现一种递增的变化趋势。因此,以上分析结果表明,实际控制人的代理链层级与其所控制上市公司的资产负债率水平呈现正相关关系,初步印证了假设 7。

表 5－11 最长代理链层级的方差分析

LLAY	样本量	最小值	最大值	均值	标准差	F 值	Sig.
1	648	0.017 8	0.932 6	0.423 8	0.192 6		
2	4 221	0.008 1	0.993 8	0.492 2	0.181 8		
3	2 028	0.018 3	0.969 5	0.496 6	0.187 6		
4	594	0.050 5	0.952 8	0.495 9	0.173 6	19.157 7***	0.000 0
5	174	0.120 9	0.886 2	0.519 6	0.181 1		
6 及以上	64	0.060 3	0.848 3	0.533 2	0.181 6		
总计	7 729	0.008 1	0.993 8	0.488 9	0.184 7		

注:*,**,*** 分别表示双尾检验在 10%,5% 和 1% 水平上显著。

表 5－12 最短代理链层级的方差分析

LLAY	样本量	最小值	最大值	均值	标准差	F 值	Sig.
1	975	0.017 8	0.932 6	0.428 8	0.183 4		
2	4 460	0.008 1	0.993 8	0.498 2	0.183 7		
3	1 797	0.018 3	0.962 1	0.493 4	0.185 9		
4	375	0.060 3	0.952 8	0.501 7	0.171 5	24.673 5***	0.000 0
5	86	0.169 0	0.786 9	0.513 1	0.166 2		
6 及以上	36	0.119 0	0.848 3	0.537 3	0.166 0		
总计	7 729	0.008 1	0.993 8	0.488 9	0.184 7		

注:*,**,*** 分别表示双尾检验在 10%,5% 和 1% 水平上显著。

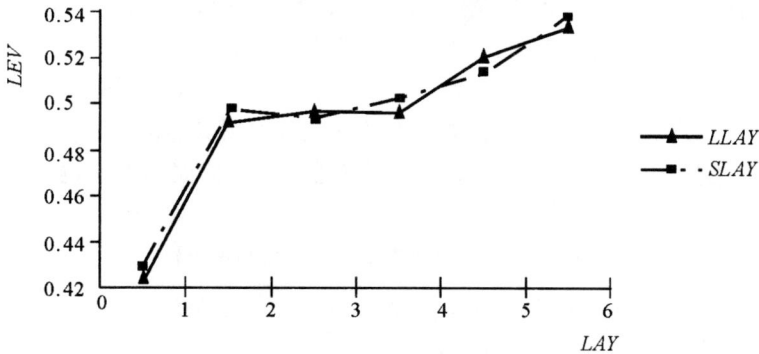

图 5－1　资产负债率与代理链层级关系图

　　为了直观考察上市公司的资产负债率水平与实际控制人代理链链条数之间的关系,以下按照实际控制人代理链链条数(鉴于代理链链条数在 6 条以上的上市公司数量较少,将代理链链条数在 6 条或 6 条以上的归为一类)分类,将其与公司资产负债率均值水平之间的关系描绘成如图 5－2 所示的折线图。从图中可以直观地看出随着代理链链条数的增加,资产负债率水平基本呈现一种递减的变化趋势,与假设 8 相反。因此,从折线图来看,所提出的假设 8 并没有得到验证。

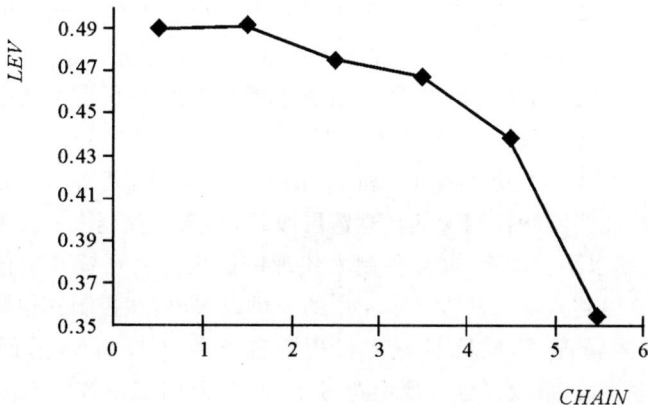

图 5－2　资产负债率与代理链链条数关系图

　　对于国有控制公司而言,实际控制人通过国有资产管理机构控制上市公司与通过国有实业公司控制上市公司的资产负债率水平的描述性分析结果及其均值差异显著性 t 检验结果见表 5－13。从表中可以看出,国有实际控制人通过国有资产管理机构控制的上市公司资产负债率水平均值为 52.80％,通过国有实业公司控制的上市公司资产负债率水平均值为 49.84％,从其均值差异显著性检验的 t 值来看,这种差异在 1％ 的水平上具有显著性。因此,对于国有控制公司而言,与通过国有资产管理机构控制的上市公司相比,实际控制人通过实业公司控制的上市公司具有较低的资产负债率水平,初步印证了假设 9。

表 5-13　均值差异 t 检验(假设 9)

	样本量	最小值	最大值	均值	标准差	方差	均值差异	t 值
国资管	411	0.091 2	0.991 1	0.528 0	0.173 4	0.030 1	0.029 6***	3.304 3
国实业	4 688	0.008 1	0.982 4	0.498 4	0.181 6	0.033 0		

注:*,**,***分别表示双尾检验在 10％,5％ 和 1％ 水平上显著。

2. 多元回归分析

表 5-14 描述的是在控制其他变量的情况下,实际控制人控制权行使方式与公司资本结构间关系的回归分析结果,以下运用普通最小二乘法根据式(4-5)分别验证假设 7~假设 9。多元回归分析检验多重共线性的方差膨胀因子(VIF)值远低于 10,容忍度(Tolerance)远大于 0.1(限于篇幅,没有列示各变量的方差膨胀因子值和容忍度),也说明各变量之间不存在多重共线性问题,进一步印证了上述关于所建模型不存在严重多重共线性问题的推论。各回归方程的 D.W 值均在 2 附近,基本不存在自相关问题。

从表 5-14 的①和②可以看出,在控制其他影响公司资本结构因素的情况下,最长代理链层级(LLAY)与最短代理链层级(SLAY)的回归系数分别为 0.005 5 和 0.004 7,且分别在 1％ 和 5％ 的水平上显著,其回归系数符号与预期符号一致,说明实际控制人的代理链层级越长,实际控制人所控制上市公司的资产负债率水平就越高,实际控制人代理链层级与公司资产负债率显著正相关,假设 7 得到验证。从表 5-14 中的③可以看出,在控制其他影响公司资本结构因素的情况下,实际控制人代理链链条数(CHAIN)的回归系数为 -0.002 1,其回归系数符号与预期符号不一致,但回归系数没有通过显著性水平检验,说明实际控制人代理链链条数与公司资产负债率并没有显著的相关关系,假设 8 没有得到验证。从表 5-14 中的④可以看出,对于国有控制公司样本而言,在控制其他影响公司资本结构因素的情况下,反映实际控制人是否通过实业公司控制(INDC)的虚拟变量的回归系数为 -0.018 2,并在 5％ 的水平上显著,其回归系数符号与预期符号一致,说明对于国有控制公司,实际控制人通过实业公司控制的上市公司与通过国有资产管理机构控制的公司相比具有更低的资产负债率水平,假设 9 得到验证。控制变量与公司资产负债率之间的关系与之前的分析一致,在此不再赘述。

表 5 - 14 多元回归分析表(假设 7 ~ 假设 9)

变量	预期符号	LEV			
		①	②	③	④
常数项	?	−0.758 6*** (−19.785 0)	−0.757 9*** (−19.757 2)	−0.750 8*** (−19.512 0)	−0.610 9*** (−12.779 9)
LLAY	+	0.005 5*** (2.986 7)			
SLAY	+	0.004 7** (2.270 1)			
CHAIN				−0.002 1 (−0.874 1)	
INDC	−				−0.018 2** (−2.337 3)
SIZE	+	0.054 6*** (31.936 5)	0.054 7*** (31.980 1)	0.054 9*** (32.176 7)	0.050 3*** (24.070 7)
CVA	+	0.156 5*** (14.359 4)	0.155 9*** (14.298 1)	0.155 4*** (14.236 4)	0.131 0*** (9.622 8)
ROA	−	−0.979 9*** (−39.293 6)	−0.979 3*** (−39.150 6)	−0.984 1*** (−39.495 8)	−0.999 2*** (−29.672 3)
TOB	?	−0.011 7*** (−5.113 8)	−0.011 6*** (−5.100 1)	−0.011 5*** (−5.040 6)	−0.016 9*** (−5.263 3)
INDU		控制	控制	控制	控制
YEAR		控制	控制	控制	控制
Adjust R²		0.362 2	0.361 9	0.361 5	0.331 4
F 值		147.268 6***	147.071 2***	146.841 1***	88.148 8***
D. W 值		2.001 0	2.009 6	2.005 2	1.965 1
样本量		7 729	7 729	7 729	5 099

注:()内表示 t 值;*,**,***分别表示双尾检验在 10%,5%和 1%水平上显著。

5.3 市场化环境与公司资本结构间关系的验证

表 5-15 描述了在控制其他变量情况下,市场化程度(MAR)、政府干预程度(GOVI)和法律环境(LAW)与资本结构间关系的回归分析结果,以下运用普通最小二乘法根据式(4-6)分别验证假设 10～假设 12。多元回归分析检验多重共线性的方差膨胀因子(VIF)值远低于 10,容忍度(Tolerance)远大于 0.1(限于篇幅,没有列示各变量的方差膨胀因子值和容忍度),说明各变量间不存在多重共线性问题,印证了前文关于所建模型不存在严重多重共线性问题的推论。各回归方程 D.W 值均在 2 附近,基本不存在自相关问题。

表 5-15 多元回归分析表(假设 10～假设 12)

变量	预期符号	LEV ①	LEV ②	LEV ③
常数项	?	−0.744 8*** (−19.420 5)	−0.721 1*** (−18.439 2)	−0.760 6*** (−19.871 6)
MAR	−	−0.003 7*** (−4.117 8)		
GOVI	−		−0.005 4*** (−4.107 9)	
LAW	−			−0.002 7*** (−5.532 2)
SIZE	+	0.055 6*** (32.467 6)	0.055 4*** (32.406 4)	0.055 8*** (32.624 9)
CVA	+	0.152 0*** (13.909 4)	0.153 9*** (14.119 1)	0.150 1*** (13.736 0)
ROA	−	−0.975 6*** (−39.071 8)	−0.975 9*** (−39.096 0)	−0.975 6*** (−39.185 7)
TOB	?	−0.011 5*** (−5.034 3)	−0.011 6*** (−5.080 6)	−0.011 3*** (−4.963 9)

续 表

变量	预期符号	LEV		
		①	②	③
INDU		控制	控制	控制
YEAR		控制	控制	控制
Adjust R²		0.362 8	0.362 8	0.364 0
F 值		147.689 6***	147.685 4***	148.404 9***
D. W 值		2.004 2	2.002 4	2.005 8
样本量		772 9	772 9	772 9

注：( )内表示 t 值；*，**，***分别表示双尾检验在 10％，5％和 1％水平上显著。

　　从表 5-15 的①可以看出，在控制其他影响资本结构因素的情况下，市场化程度（MAR）的回归系数为－0.003 7，并在 1％的水平上显著，其回归系数符号与预期符号一致，说明在控制其他影响资本结构因素的情况下，市场化程度（MAR）对资产负债率（LEV）是一种负向影响，随着市场化程度的提高，上市公司倾向于降低资产负债率水平，地区市场化程度（MAR）与公司资产负债率（LEV）显著负相关，假设 10 得到验证。从表 5-15 中的②可以看出，在控制其他影响资本结构因素的情况下，政府干预程度（GOVI）衡量指标的回归系数为－0.005 4，并在 1％的水平上显著，回归系数符号与预期符号一致，由于该指标是政府干预程度的一种反向衡量指标，说明在控制其他影响资本结构因素的情况下，随着政府干预程度的减少，上市公司倾向于降低资产负债率水平，政府干预程度（GOVI）与公司资产负债率（LEV）水平显著正相关，假设 11 得到验证。从表 5-15 中的③可以看出，在控制其他影响公司资本结构因素的情况下，法律环境（LAW）的回归系数为－0.002 7，并在 1％的水平上显著，其回归系数符号与预期符号一致，说明在控制其他影响公司资本结构因素的情况下，法律环境（LAW）对资产负债率（LEV）是一种负向影响，随着法律环境（LAW）的改善，上市公司倾向于降低资产负债率水平，法律环境（LAW）与公司资产负债率（LEV）水平显著负相关，假设 12 得到验证。控制变量与公司资产负债率之间的关系与之前的分析一致，在此不再赘述。

5.4 不同市场化环境下实际控制人 对资本结构影响差异的验证

在分别验证了实际控制人与资本结构间关系以及市场化环境与资本结构间关系的基础上,进一步检验不同市场化环境下实际控制人对资本结构影响的差异。如前所述,本节仅以最能反映实际控制人代理问题的控制权与现金流权分离程度变量为例,来验证不同市场化环境下实际控制人对资本结构影响的差异。

表 5-16 描述的是在控制其他变量的情况下,不同市场化程度(MAR)下实际控制人控制权与现金流权分离程度对公司资本结构影响差异的回归分析结果。运用普通最小二乘法根据式(4-7)来验证假设 13。多元回归分析除两权分离程度以及它们与市场化程度的交叉项(由于二者变量含有共同的元素,不可避免的会产生一定的共线性,但不影响分析结果)外,检验多重共线性的方差膨胀因子(VIF)值远低于 10,容忍度(Tolerance)远大于 0.1(限于篇幅,没有列示各变量的方差膨胀因子值和容忍度),各变量间基本不存在多重共线性问题,进一步印证了上述关于所建模型不存在严重多重共线性问题的推论。各回归方程的 D. W 值均在 2 附近,基本不存在自相关问题。

从表 5-16 的①至③可以看出,在控制其他影响公司资本结构因素的情况下,反映实际控制人控制权与现金流权分离程度的指标控制权与现金流权是否分离(DIV_1)、两权分离绝对程度(DIV_2)、两权分离相对程度(DIV_3)仍然在 1% 的水平上与公司资产负债率(LEV)显著正相关,进一步证实了假设 1;同时,市场化程度(MAR)与两权分离程度交叉项($MARDIV_1$,$MARDIV_2$,$MARDIV_3$)的回归系数分别为 -0.0019,-0.0193 和 -0.0059,其回归系数符号与预期符号一致,且 $MARDIV_2$ 和 $MARDIV_3$ 的回归系数均在 5% 的水平上显著,而 $MARDIV_1$ 的回归系数显著性水平为 11.9%,接近 10% 的显著性水平,以上分析表明随着市场化程度的提高,实际控制人控制权与现金流权分离程度对公司资产负债率的正向影响逐渐降低,市场化程度的提高降低了实际控制人两权分离程度对公司资本结构的影响;也就是说与市场化程度相对较低的地区相比,市场化程度高的地区实际控制人控制权与现金流权的分离程度对资产负债率的正向影响相对比较小,假设 13 得到验证。控制变量与公司资产负债率之间的关系与前述分析一致,在此不再赘述。

表 5 - 16　多元回归分析表(假设 13)

变量	预期符号	LEV		
		①	②	③
常数项	?	−0.768 9*** (−19.963 9)	−0.766 6*** (−19.972 9)	−0.770 4*** (−20.064 7)
DIV_1	+	0.029 1*** (2.641 0)		
DIV_2	+		0.248 3*** (3.512 2)	
DIV_3	+			0.084 3*** (3.547 3)
$MARDIV_1$	−	−0.001 9 (−1.559 7)		
$MARDIV_2$	−		−0.0193** (−2.426 6)	
$MARDIV_3$	−			−0.005 9** (−2.143 2)
SIZE	+	0.055 5*** (32.395 3)	0.055 3*** (32.397 3)	0.055 5*** (32.484 3)
CVA	+	0.156 2*** (14.313 6)	0.155 6*** (14.265 0)	0.156 1*** (14.318 3)
ROA	−	−0.980 9*** (−39.371 3)	−0.982 6*** (−39.513 5)	−0.976 3*** (−39.221 4)
TOB	?	−0.011 7*** (−5.152 7)	−0.011 4*** (−5.004 3)	−0.011 6*** (−5.114 8)
INDU		控制	控制	控制
YEAR		控制	控制	控制
Adjust R^2		0.362 7	0.363 3	0.363 9
F 值		142.866 0***	143.226 4***	143.593 5***
D. W 值		2.006 3	2.003 7	2.004 6
样本量		772 9	772 9	772 9

注:()内表示 t 值;*,**,*** 分别表示双尾检验在 10%,5% 和 1% 水平上显著。

表 5 - 17 描述的是在控制其他变量的情况下,不同政府干预程度(GOVI)

下实际控制人控制权与现金流权分离程度对公司资本结构影响差异的回归分析结果。运用普通最小二乘法根据式(4-7)来验证假设14。多元回归分析除两权分离程度以及它们与政府干预程度的交叉项(由于二者变量含有共同的元素,不可避免的会产生一定的共线性,但不影响分析结果)外,检验多重共线性的方差膨胀因子(VIF)值远低于10,容忍度(Tolerance)远大于0.1(限于篇幅,没有列示各变量的方差膨胀因子值和容忍度),各变量间基本不存在多重共线性问题,进一步印证了上述关于所建模型不存在严重多重共线性问题的推论。各回归方程的D.W值均在2附近,基本不存在自相关问题。

表 5-17　多元回归分析表(假设 14)

变量	预期符号	LEV		
		①	②	③
常数项	?	-0.767 9*** (-19.968 7)	-0.765 5*** (-19.964 4)	-0.770 0*** (-20.080 9)
DIV_1	+	0.041 8** (2.441 5)		
DIV_2	+		0.367 0*** (3.557 0)	
DIV_3	+			0.138 8*** (3.903 4)
$GOVIDIV_1$	-	-0.003 2* (-1.731 3)		
$GOVIDIV_2$	-		-0.031 2*** (-2.798 1)	
$GOVIDIV_3$	-			-0.011 5*** (-2.959 1)
$SIZE$	+	0.055 4*** (32.409 8)	0.055 3*** (32.393 6)	0.055 4*** (32.505 3)
CVA	+	0.156 4*** (14.341 6)	0.156 0*** (14.316 7)	0.156 0*** (14.318 9)

续　表

变量	预期符号	LEV		
		①	②	③
ROA	—	−0.981 4***	−0.983 2***	−0.976 8***
		(−39.429 3)	(−39.560 3)	(−39.267 7)
TOB	?	−0.011 7***	−0.011 3***	−0.011 6***
		(−5.139 0)	(−4.982 0)	(−5.102 0)
INDU		控制	控制	控制
YEAR		控制	控制	控制
Adjust R²		0.362 7	0.363 4	0.364 2
F 值		142.894 7***	143.325 0***	143.805 3***
D. W 值		2.004 8	2.000 8	2.001 0
样本量		7 729	7 729	7 729

注:() 内表示 t 值;*,**,*** 分别表示双尾检验在 10%,5% 和 1% 水平上显著。

从表5-17的①～③可以看出,在控制其他影响资本结构因素的情况下,反映实际控制人控制权与现金流权分离程度的指标控制权与现金流权是否分离(DIV_1)、两权分离绝对程度(DIV_2)、两权分离相对程度(DIV_3)在 5%,1% 和 1% 的水平上与资产负债率(LEV)显著正相关,进一步证实了假设1。同时,政府干预程度($GOVI$)与两权分离程度交叉项($GOVIDIV_1$,$GOVIDIV_2$,$GOVIDIV_3$)的回归系数分别为 −0.003 2,−0.031 2 和 −0.011 5,其回归系数符号与预期符号一致,且分别在 10%,1% 和 1% 的水平上显著,说明随着政府干预程度的减少,实际控制人控制权与现金流权分离程度对公司资产负债率的正向影响逐渐降低,政府干预程度的减少降低了实际控制人两权分离程度对资本结构的影响。也就是说,与政府干预程度大的地区相比,政府干预程度小的地区实际控制人控制权与现金流权分离程度对资产负债率的正向影响相对较小,假设 14 得到验证。控制变量与公司资产负债率之间的关系与前述分析一致,在此不再赘述。

表 5-18 描述的是在控制其他变量的情况下,不同法律环境(LAW)下实际控制人控制权与现金流权分离程度对公司资本结构影响差异的回归分析结果。运用普通最小二乘法根据式(4-7)来验证假设15。多元回归分析检验多

重共线性的方差膨胀因子(VIF)值远低于 10,容忍度(Tolerance)远大于0.1(限于篇幅,没有列示各变量的方差膨胀因子值和容忍度),各变量间基本不存在多重共线性问题,进一步印证了前述关于所建模型不存在严重多重共线性问题的推论。各回归方程的 D.W 值均在 2 附近,基本不存在自相关问题。

表 5 - 18　多元回归分析表(假设 15)

变量	预期符号	LEV		
		①	②	③
常数项	?	− 0.773 9*** (− 20.097 4)	− 0.768 8*** (− 20.041 1)	− 0.772 0*** (− 20.111 7)
DIV_1	+	0.029 3*** (4.609 0)		
DIV_2	+		0.207 6*** (5.137 4)	
DIV_3	+			0.068 9*** (5.043 9)
$LAWDIV_1$	−	− 0.002 1*** (− 3.093 3)		
$LAWDIV_2$	−		− 0.015 3*** (− 3.530 7)	
$LAWDIV_3$	−			− 0.004 3*** (− 2.836 6)
SIZE	+	0.055 6*** (32.513 0)	0.055 4*** (32.455 7)	0.055 5*** (32.524 4)
CVA	+	0.155 3*** (14.242 7)	0.155 0*** (14.212 9)	0.155 7*** (14.288 1)
ROA	−	− 0.979 4*** (− 39.354 0)	− 0.982 5*** (− 39.539 4)	− 0.976 3*** (− 39.240 6)
TOB	?	− 0.011 8*** (− 5.171 0)	− 0.011 4*** (− 5.023 5)	− 0.011 7*** (− 5.125 9)

续 表

变量	预期符号	LEV		
		①	②	③
INDU		控制	控制	控制
YEAR		控制	控制	控制
Adjust R²		0.363 3	0.363 8	0.364 2
F 值		143.228 5***	143.560 7***	143.769 2***
D. W 值		2.006 5	2.004 5	2.005 2
样本量		772 9	772 9	772 9

注：( ) 内表示 t 值；*，**，*** 分别表示双尾检验在 10%，5% 和 1% 水平上显著。

从表 5-18 的 ① ～ ③ 可以看出，在控制其他影响公司资本结构因素的情况下，反映实际控制人控制权与现金流权分离程度的指标控制权与现金流权是否分离（DIV_1）、两权分离绝对程度（DIV_2）、两权分离相对程度（DIV_3）仍然在 1% 的水平上与公司资产负债率（LEV）显著正相关，进一步证实了假设 1；同时，法律环境（LAW）与它们交叉项（$LAWDIV_1$，$LAWDIV_2$，$LAWDIV_3$）的回归系数分别为 −0.002 1，−0.015 3 和 −0.004 3，其回归系数符号与预期符号一致，且均在 1% 的水平上显著，说明随着法律环境的改善，实际控制人控制权与现金流权分离程度对公司资产负债率的正向影响逐渐降低，法律环境的改善降低了实际控制人两权分离程度对公司资本结构的影响。也就是说与法律环境较差的地区相比，法律环境好的地区实际控制人控制权与现金流权的分离程度对资产负债率的正向影响相对较小，假设 15 得到验证。控制变量与公司资产负债率之间的关系与前述分析一致，在此不再赘述。

5.5　不同实际控制人类型下市场化环境对资本结构影响差异的验证

之前分别验证了实际控制人与资本结构间的关系、市场化环境与资本结构间的关系，并验证了不同市场化环境下实际控制人对资本结构影响的差异。在上述研究的基础上，本节进一步验证不同实际控制人特征下市场化环境对资本结构影响的差异。仅以实际控制人性质为例，来验证市场化环境对公司资本结构的影响在国有控制公司与非国有控制公司间的差异。

表5-19描述的是在控制其他变量的情况下,不同实际控制人性质情况下市场化环境变量市场化程度(MAR)、政府干预程度($GOVI$)和法律环境(LAW)对公司资本结构影响差异的回归分析结果。运用普通最小二乘法根据式(4-8)来验证假设16～假设18。多元回归分析检验多重共线性的方差膨胀因子(VIF)值远低于10,容忍度(Tolerance)远大于0.1(限于篇幅,没有列示各变量的方差膨胀因子值和容忍度),各变量间基本不存在多重共线性问题,进一步印证了前述关于所建模型不存在严重多重共线性问题的推论。各回归方程的D.W值均在2附近,基本不存在自相关问题。

表 5-19 多元回归分析表(假设 16 ～ 假设 18)

变量	预期符号	LEV		
		①	②	③
常数项	?	-0.779 9*** (-19.803 0)	-0.751 5*** (-18.823 7)	-0.800 4*** (-20.344 0)
MAR	-	-0.003 1*** (-3.3317)		
GOVI	-		-0.005 0*** (-3.745 8)	
LAW	-			-0.001 7*** (-3.242 3)
STAMAR	-	-0.001 7*** (-3.856 7)		
STAGOVI	-		-0.001 5*** (-3.712 8)	
STALAW	-			-0.001 8*** (-4.288 2)
SIZE	+	0.057 4*** (32.390 6)	0.057 0*** (32.351 6)	0.057 8*** (32.673 3)

续 表

变量	预期符号	LEV		
		①	②	③
CVA	+	0.153 3*** (14.030 1)	0.155 7*** (14.280 6)	0.150 8*** (13.811 3)
ROA	−	−0.984 8*** (−39.296 6)	−0.984 1*** (−39.303 3)	−0.986 8*** (−39.463 2)
TOB	?	−0.011 4*** (−5.020 9)	−0.011 6*** (−5.082 8)	−0.011 2*** (−4.928 2)
INDU		控制	控制	控制
YEAR		控制	控制	控制
Adjust R²		0.364 0	0.363 9	0.365 4
F 值		143.662 9***	143.603 4***	144.535 3***
D.W 值		2.000 0	1.998 5	2.001 5
样本量		7 729	7 729	7 729

注:()内表示 t 值;*,**,*** 分别表示双尾检验在 10%,5% 和 1% 水平上显著。

从表 5-19 的 ① 可以看出,在控制其他影响公司资本结构因素的情况下,市场化程度(MAR)仍然在 1% 的水平上与公司资产负债率(LEV)显著负相关,进一步证实了假设 10。同时,是否国有控制虚拟变量(STA)与市场化程度交叉项(STAMAR)的回归系数为 −0.001 7,并在 1% 的水平上显著,其回归系数符号与预期符号一致,说明与非国有控制公司样本相比,在国有控制公司样本市场化程度的提高对公司资产负债率的负向影响更大,假设 16 得到验证。从表 5-19 中的 ② 可以看出,在控制其他影响公司资本结构因素的情况下,政府干预程度(GOVI)变量仍然在 1% 的水平上与公司资产负债率(LEV)显著负相关,进一步证实了假设 11。同时,是否国有控制虚拟变量(STA)与政府干预程度交叉项(STAGOVI)的回归系数为 −0.001 5,并在 1% 的水平上显著,其回归系数符号与预期符号一致,说明与非国有控制公司样本相比,在国有控制公司样本政府干预程度的减少对公司资产负债率的负向影响更大,假设 17 得到验证。从表 5-19 中的 ③ 可以看出,在控制其他影响公司资本结构因素的情况下,法律环境(LAW)仍然在 1% 的水平上与公司资产负债率(LEV)显著负相关,进一步证实了假设12。同时,是否国有控制虚拟变量(STA)与法律环境交叉项($STALAW$)的回归系数为-0.0018,并在1%的水平上显著,其回归系数符号与预期符号一致,说明与非国有控制公司样本相比,在国有控制公司样本法律环境的改善对公司资产负债率的负向影响更大,假设18得到验证。总体而言,假设16~假设18均得到了验证。说明与非国有控制公司相比,市场化环境对公司资本结构的影响在国有控制公司相对更大。控制变量与公司资产负债率之间的关系与前述分析一致,在此不再赘述。

5.6　稳健性检验

为了检验本书研究结论的可靠性,本节采用以下两种方式对本书的研究结果进行稳健性检验。

一、不同有效控制权标准的选取

本研究在前述分析中采用的是大多数文献分析中常用的10%的有效控制权标准,鉴于有些文献使用20%有效控制权标准的情况(王化成、李春玲和卢闯,2007)[33],为了避免因有效控制权选取标准的不同对研究结论造成的影响,以20%临界值作为实际控制人能够达到有效控制的标准,并在此基础上得到7 013个有效观测值(国有控制公司4 719个观测值,非国有控制公司2 294个观测值),使用上述模型重新进行了相关性分析和多元线性回归分析检验(稳健性检验的结果见附表2~附表9)。

实际控制人与公司资本结构间关系(假设1~假设9)的稳健性检验结果见附表2~附表4。其中实际控制人控制权、现金流权及其分离程度与资本结构间关系(假设1~假设4)的稳健性检验结果见附表2。从附表2的①~③可以看出反映实际控制人控制权与现金流权分离程度的指标控制权与现金流权是否分离(DIV_1)、两权分离绝对程度(DIV_2)、两权分离相对程度(DIV_3)的回归系数分别为0.015 9,0.079 9和0.040 7,且均在1%的水平上显著,其回归系数符号与预期符号一致,说明在控制其他因素的情况下,实际控制人控制权与现金流权分离程度对公司资产负债率(LEV)具有显著的正向影响,假设1再次得到验证。从附表2的④可以看出实际控制人现金流权(CR)的回归系数为$-0.107\,0$,并在1%的水平上显著,其回归系数符号与预期符号一致,说明在控制其他因素的情况下,实际控制人现金流权(CR)与公司资产负债率(LEV)显著负相关,假设2再次得到验证。从附表2的⑤~⑦可以看出,反映实际控制人控制权与现金流权分离程度的指标与实际控制人现金流权交叉项($CRDIV_1$,$CRDIV_2$ 和 $CRDIV_3$)的回归系数分别为$-0.081\,0$,$-0.657\,7$ 和$-0.183\,7$,且均在 1% 的水平上显著,其回归系数符号与预期符号一致,说明在控制其他因素的情况下,随着实际控制人现金流权的增加,实际控制人两权分离程度对公司资产负债率的正向影响逐渐变小,假设 3 再次得到验证。从附表 2 的 ⑧ 可以看出,实际控制人控制权(VR)的回归系数为$-0.122\,1$,并在 1% 的水平上显著,其回归系数符号与预期符号一致,说明在控制其他因素的情况下,实际控制人控制权(VR)与公司资产负债率(LEV)显著负相关,假设 4 再次得到验证。实际控制人产权性质与资本结构间关系(假设 5 和假设 6)的稳健性检验结果见附表 3。从附表 3 的 ① ~ ③ 可以看出,是否国有控制(STA)与两权分离程度的交叉项($STADIV_1$,$STADIV_2$ 和 $STADIV_3$)回归系数分别为$-0.014\,1$,$-0.064\,5$ 和$-0.015\,0$,其回归系数符号与预期符号一致,且 $STADIV_1$ 和 $STADIV_2$ 的回归系数分别在 1% 和 10% 的水平上显著,而 $STADIV_3$ 的回归系数没有通过显著性检验,表明与非国有控制公司相比,国有控制公司实际控制人两权分离程度对公司资产负债率的正向影响相对较小,假设 5 再次得到验证。从附表 3 的 ④ 可以看出,对于国有控制公司样本而言,政府行政级别($GOVR$)变量的回归系数为 $0.014\,4$,并在 1% 的水平上显著,其回归系数符号与预期符号一致,说明对于国有控制公司样本,政府行政级别越低,实际控制人所控制上市公司资产负债率水平就越高,假设 6 再次得到验证。实际控制人控制权行使方式与资本结构间关系(假设 7 ~ 假设 9)的稳健性检验结果见附表 4。从附表 4 的 ① 和 ② 可以看出,最长代理链层级($LLAY$)与最短代理链层级($SLAY$)的回归系数分别为 $0.007\,4$ 和 $0.006\,6$,且均在 1% 的水平上显著,其回归系数符号与预期符号一致,说明实际控制人的代理链层级越长,实际控制人所控制上市公司的资产负债率水平就越高,假设 7 再次得到验证。从附表 4 的 ③ 可以看出,实际控制人代理链链条数($CHAIN$)的回归系数为$-0.000\,9$,其回归系数符号与预期符号不一致,但回归系数没有通过显著性水平检验,说明实际控制人代理链链条数与公司资产负债率并没有显著的相关关系,与前述一致,假设 8 并没有得到验证。从附表 4 的 ④ 可以看出,对于国有控制公司样本而言,反映实际控制人是否通过实业公司控制($INDC$)的虚拟变量的回归系数为$-0.015\,9$,并在 10% 的水平上显著,其回归系数符号与预期符号一致,说明对于国有控制公司而言,实际控制人通过实业公司控制的上市公司与通过国有资产管理机构控制的公司相比具有更低的资产负债率水平,假设 9 再次得到验证。

123

市场化环境与公司资本结构间关系(假设 10 ~ 假设 12)的稳健性检验结果见附表 5。从附表 5 的 ① 可以看出,市场化程度(MAR)的回归系数为 − 0.003 8,并在 1% 的水平上显著,其回归系数符号与预期符号一致,说明随着市场化程度的提高,上市公司倾向于降低资产负债率水平,地区市场化程度(MAR)与公司资产负债率(LEV)显著负相关,假设 10 再次得到验证。从附表 5 的 ② 可以看出,政府干预程度(GOVI)衡量指标的回归系数为 − 0.005 5,并在 1% 的水平上显著,回归系数符号与预期符号一致,由于该指标是政府干预程度的一种反向衡量指标,说明随着政府干预程度的减少,上市公司倾向于降低资产负债率水平,政府干预程度(GOVI)与公司资产负债率(LEV)水平显著正相关,假设 11 再次得到验证。从附表 5 的 ③ 可以看出,法律环境(LAW)的回归系数为 − 0.002 8,并在 1% 的水平上显著,其回归系数符号与预期符号一致,说明随着法律环境(LAW)的改善,上市公司倾向于降低资产负债率水平,法律环境(LAW)与公司资产负债率(LEV)水平显著负相关,假设 12 再次得到验证。

不同市场化环境下,实际控制人对资本结构影响差异(假设 13 ~ 假设 15)的稳健性检验结果见附表 6 ~ 附表 8。从附表 6 的 ① ~ ③ 可以看出,反映实际控制人控制权与现金流权分离程度的指标控制权与现金流权是否分离(DIV_1)、两权分离绝对程度(DIV_2)、两权分离相对程度(DIV_3)仍然与公司资产负债率(LEV)显著正相关,而市场化程度(MAR)与两权分离程度交叉项($MARDIV_1$,$MARDIV_2$ 和 $MARDIV_3$)的回归系数分别为 − 0.001 6,− 0.017 1 和 − 0.005 4,其回归系数符号与预期符号一致,且 $MARDIV_2$ 和 $MARDIV_3$ 的回归系数分别在 5% 和 10% 的水平上显著,而 $MARDIV_1$ 的回归系数显著性水平接近 10%,表明随着市场化程度的提高,实际控制人控制权与现金流权分离程度对公司资产负债率的正向影响逐渐降低,也就是说,与市场化程度相对较低的地区相比,市场化程度高的地区实际控制人控制权与现金流权的分离程度对资产负债率的正向影响相对比较小,假设 13 再次得到验证。从附表 7 的 ① ~ ③ 可以看出,反映实际控制人控制权与现金流权分离程度的指标控制权与现金流权是否分离(DIV_1)、两权分离绝对程度(DIV_2)、两权分离相对程度(DIV_3)仍然与公司资产负债率(LEV)显著正相关,而政府干预程度(GOVI)与两权分离程度交叉项($GOVIDIV_1$,$GOVIDIV_2$ 和 $GOVIDIV_3$)的回归系数分别为 − 0.002 5,− 0.025 6 和 − 0.010 4,其回归系数符号与预期符号一致,且 $GOVIDIV_2$ 和 $GOVIDIV_3$ 的回归系数均在 5% 的水平上显著,而 $GOVIDIV_1$ 的回归系数显著性水平接近 10%,说明随着政府干预程度的减少,实际控制人控制权与现金流权分离程度对公司资产负债率的正向影响逐渐降低,也就是说与政府干预程度大的地区相比,政府干预程度小的地区实际控制人控制权与现金流权分离程度对资产负债率的正向影响相对较小,假设 14 再次得到验证。从附表 8 的 ① ～ ③ 可以看出,反映实际控制人控制权与现金流权分离程度的指标控制权与现金流权是否分离(DIV_1)、两权分离绝对程度(DIV_2)、两权分离相对程度(DIV_3)仍然与公司资产负债率(LEV)显著正相关,而法律环境(LAW)与两权分离程度交叉项($LAWDIV_1$,$LAWDIV_2$ 和 $LAWDIV_3$)的回归系数分别为 $-0.002\,1$,$-0.015\,1$ 和 $-0.004\,7$,其回归系数符号与预期符号一致,且均在 1% 的水平上显著,说明随着法律环境的改善,实际控制人控制权与现金流权分离程度对公司资产负债率的正向影响逐渐降低,也就是说与法律环境较差的地区相比,法律环境好的地区实际控制人控制权与现金流权分离程度对资产负债率的正向影响相对较小,假设 15 再次得到验证。

不同实际控制人类型下,市场化环境对资本结构影响差异(假设 16 ～ 假设 18)的稳健性检验结果见附表 9。从附表 9 的 ① 可以看出,市场化程度(MAR)仍然在 1% 的水平上与公司资产负债率(LEV)显著负相关,而是否国有控制虚拟变量(STA)与市场化程度交叉项($STAMAR$)的回归系数为 $-0.002\,1$,并在 1% 的水平上显著,其回归系数符号与预期符号一致,说明与非国有控制公司相比,在国有控制公司市场化程度的提高对公司资产负债率的负向影响更大,假设 16 再次得到验证。从附表 9 的 ② 可以看出,政府干预程度($GOVI$)变量仍然在 1% 的水平上与公司资产负债率(LEV)显著负相关,而是否国有控制虚拟变量(STA)与政府干预程度交叉项($STAGOVI$)的回归系数为 $-0.002\,0$,并在 1% 的水平上显著,其回归系数符号与预期符号一致,说明与非国有控制公司相比,在国有控制公司政府干预程度的减少对公司资产负债率的负向影响更大,假设 17 再次得到验证。从附表 9 的 ③ 可以看出,法律环境(LAW)仍然在 1% 的水平上与公司资产负债率(LEV)显著负相关,而是否国有控制虚拟变量(STA)与法律环境交叉项($STALAW$)的回归系数为 $-0.002\,1$,并在 1% 的水平上显著,其回归系数符号与预期符号一致,说明与非国有控制公司相比,在国有控制公司法律环境的改善对公司资产负债率的负向影响更大,假设 18 再次得到验证。

综上所述,可以看出选取 20% 的有效控制权标准,稳健性检验的结果与前述的分析结论基本一致,并且此时各模型与 10% 有效控制权标准下所对应的模型相比,其模型 Adjust R^2 值相对更大,说明当选取 20% 的有效控制权标准时,模型的解释能力相对更强,选取 20% 的有效控制权标准更能体现实际控制人对上市公司的控制能力,模型的解释效果更好。

二、剔除没有发生控制权与现金流权分离的样本

在本书的研究样本中,有部分样本公司实际控制人的控制权与现金流权不存在分离的情况,即它们的控制权与现金流权是相等的。在剔除了这部分公司样本后,得到的有效样本为 3 523 个观测值,使用上述模型重新进行了相关性分析和多元线性回归分析检验(限于篇幅,稳健性检验的结果没有列出)。稳健性检验的结果表明除代理链层级与公司资本结构间的关系外,其他分析结果与前述的分析结论基本一致。代理链层级与公司资本结构的关系在 Pearson 相关性分析部分显著正相关,但在多元线性回归分析部分没有通过显著性检验。本书进一步对实际控制人两权没有分离样本进行相关性分析和多元回归分析检验,发现无论在相关性分析还是多元回归分析部分,代理链层级均与公司资产负债率显著正相关。以上结果表明实际控制人代理链层级对公司资产负债率的正向影响在两权没有分离的样本中更为明显。

5.7　本章小结

本章在理论分析以及研究方法设计的基础上,通过描述性统计分析、Pearson 相关性分析和多元线性回归分析的方法,对实际控制人与资本结构之间的关系、市场化环境与公司资本结构间的关系、不同市场化环境下实际控制人对资本结构影响的差异以及不同实际控制人类型下市场化环境对资本结构影响的差异等方面的研究假设,使用我国证券市场 2004—2009 年上市公司的数据进行了实证检验。检验结果表明,本书提出的 18 个研究假设中有 17 个假设得到了验证,1 个假设没有得到验证。具体检验结果见表 5 - 20。结果说明我国上市公司的实际控制人及上市公司所处的市场化环境对公司资本结构产生了十分重要的影响,且在对资本结构的影响过程中,实际控制人与市场化环境存在着显著的交互作用。本章最后所进行的稳健性检验结果同样验证了所得出的结论,表明研究结论是可靠、稳健的。

表 5-20　研究假设检验结果汇总表

编号	研究假设	检验结果
假设 1	实际控制人控制权与现金流权的分离程度与公司资产负债率正相关	验证
假设 2	实际控制人现金流权与公司资产负债率负相关	验证
假设 3	随着实际控制人现金流权增大,其两权分离程度对资产负债率正向影响逐渐减小	验证
假设 4	实际控制人控制权与公司资产负债率负相关	验证
假设 5	与非国有控制公司相比,国有控制公司实际控制人两权分离程度对公司资产负债率的正向影响相对较小	验证
假设 6	对国有控制公司而言,政府级别越低,实际控制人所控制的上市公司资产负债率越高	验证
假设 7	实际控制人的代理链层级与公司资产负债率正相关	验证
假设 8	实际控制人的代理链链条数与公司资产负债率正相关	未验证
假设 9	对国有控制公司而言,与通过国有资产管理机构控制的公司相比,通过实业公司控制的上市公司具有较低的资产负债率	验证
假设 10	地区市场化程度与公司资产负债率呈现负相关关系	验证
假设 11	政府干预程度与公司资产负债率呈现正相关关系	验证
假设 12	法律环境与公司资产负债率呈现负相关关系	验证
假设 13	与市场化程度低的地区相比,市场化程度高的地区实际控制人控制权与现金流权的分离程度对资产负债率的正向影响相对较小	验证
假设 14	与政府干预程度大的地区相比,政府干预程度小的地区实际控制人控制权与现金流权的分离程度对资产负债率的正向影响相对较小	验证
假设 15	与法律环境差的地区相比,法律环境好的地区实际控制人控制权与现金流权的分离程度对资产负债率的正向影响相对较小	验证
假设 16	与非国有控制公司相比,在国有控制公司市场化程度对资产负债率的负向影响更强	验证
假设 17	与非国有控制公司相比,国有控制公司政府干预程度对资产负债率的正向影响更强	验证
假设 18	与非国有控制公司相比,在国有控制公司法律环境对资产负债率的负向影响更强	验证

第6章 检验结果分析

本书在分析实际控制人、市场化环境与公司资本结构之间内在逻辑关系的基础上,构建了反映三者间关系的概念模型,分别从实际控制人与公司资本结构间的关系、市场化环境与公司资本结构间的关系、不同市场化环境下实际控制人对资本结构影响的差异、不同实际控制人类型下市场化环境对资本结构影响的差异四个方面分析并检验了实际控制人、市场化环境对公司资本结构的影响。本书提出的 18 项研究假设中有 17 项研究假设得到了验证,1 项研究假设未得到验证,检验结果支持本书提出的概念模型和理论框架。本章将根据假设检验的结果,分析研究假设成立与否的原因,讨论检验结果反映的理论和现实意义。

6.1 实际控制人与公司资本结构之间的关系

本研究提出的假设 1～假设 9 描述了实际控制人与公司资本结构之间的关系。从实证检验结果来看,8 项研究假设得到了验证,1 项研究假设没有得到验证,表明实际控制人对上市公司的资本结构产生了显著的影响。实际控制人控制权与现金流权分离程度越大,会越倾向于促使上市公司采取较高的资产负债率水平;而实际控制人的现金流权越大,上市公司的负债水平就越低,且随着实际控制人现金流权的增大,其两权分离程度对公司负债水平的正向影响会逐渐减弱;从实际控制人类型来看,相对于非国有控制公司,国有控制公司实际控制人两权分离程度对公司负债水平的影响相对较小;对于国有控制公司而言,政府行政级别越低,会促使上市公司采取较高的负债水平;实际控制人与上市公司间的代理链层级越长,上市公司的负债水平就越高;实际控制人的代理链链条数并没有对上市公司的资本结构产生显著的影响;对于国有控制公司而言,实际控制人通过实业公司控制的上市公司相比通过国有资产管理机构控制的公司具有较低的资产负债率水平。

假设 1 描述了实际控制人控制权与现金流权分离程度与公司资本结构之间的关系,本书的实证结果表明实际控制人两权分离程度与公司资产负债率显著正相关。也就是说,实际控制人控制权与现金流权分离程度大的上市公司具有相对较高的资产负债率水平,而实际控制人控制权与现金流权分离程度小的公司则具有相对较低的资产负债率水平。这一结论为 Black 和 Scholes(1973)[170]、Filatotchev 和 Mickiewicz(2006)[179] 的观点提供了一定的实证支持,而与 Jensen(1986)[168] 关于分析负债在降低管理层代理问题中的作用的观点相悖。Black 和 Scholes(1973)认为,由于现代公司股东的有限责任,即使公司破产股东也仅以其出资额为限来承担有限责任,因此股东具有采取风险型负债融资行为的倾向[170]。本书认为,在存在实际控制人控制权与现金流权相分离的情况下,实际控制人所需承担的相当于现金流权部分的破产损失会更小,于是实际控制人的上述风险倾向效应得到了进一步的放大。Filatotchev 和 Mickiewicz(2006)运用理论模型分析表明在控股股东拥有部分所有权的情况下,负债融资扩大了控股股东所控制的资源,公司存在着过度负债融资的倾向[179]。本研究通过实证检验证实了在实际控制人控制权与现金流权相分离的情况下,上市公司具有更高的负债水平,为他们的观点提供了实证支持。Jensen(1986)认为,负债资金的按期还本付息迫使公司的"自由现金流"流出企业,防止管理层对公司资金的"滥用",负债资金具有监督约束作用,可以降低管理层的代理问题[168]。本研究结果违背了 Jensen(1986)[168] 所说的"自由现金流"约束效应。具体分析之所以会出现上述不一致的现象,笔者认为主要是与 Jensen(1986)[168] 研究的具体问题存在差别和我国特殊的现实背景两方面的原因造成的。从研究问题的差别来看,Jensen(1986)[168] 研究的是管理层的代理问题,也即传统的"第一类代理问题",而本书研究的是实际控制人的代理问题,属于"第二类代理问题"的范畴,两类代理问题的本质不同,因此在这两类代理问题中负债所发挥的作用也不同就不足为奇了。而从背景差异来看,Jensen(1986)[168] 是以西方发达国家成熟的资本市场为背景来进行研究的,由于存在着完善的职业经理人市场,职业经理人对破产风险具有很强的敏感性,负债对管理层代理问题的约束治理功能比较明显。而在我国不完善的制度背景下,股权是相对集中的,复杂的"金字塔结构"使得实际控制人远离上市公司的"风险区",再加上我国上市公司破产机制的不完备,国有商业银行负债所存在的"预算软约束"等现象,负债资金对代理问题的约束治理作用很难发挥,实际控制人的风险意识就更为淡薄。同时在实际控制人仅掌握部分控制权的情况下,权益融资会稀释实际控制人的控制权或引入新的大股东,威胁其控制地位,而负债融资具有"控制权非稀释性效应",有利于保持其对公司的控制,实际控制人在进行融资选择时考虑更多的是保持其控制地位。综上所述,尽管 Jensen(1986)[168]的研究认为负债会约束"第一类代理问题",但这种约束作用在我国独特的现实背景下,对于实际控制人的"第二类代理问题"却很难发挥作用。通过负债融资资金扩大了实际控制人可控制的资源,同时不会稀释实际控制人的控制权,负债融资反而便利了实际控制人的"第二类代理问题"。实际控制人的控制权与现金流权分离程度越大,越会促使上市公司采取更高的负债水平。本研究将代理问题与负债融资之间关系的研究拓展到第二类代理问题,并提供了来自中国上市公司的证据。

假设 2 描述了实际控制人现金流权与公司资本结构之间的关系,实证结果表明实际控制人现金流权与公司资产负债率显著负相关。也就是说,实际控制人现金流权水平较低的上市公司具有相对较高的资产负债率,而实际控制人现金流权水平比较高的上市公司具有相对较低的资产负债率。这一研究结论为 Claessens,Djankov 和 Fan 等人(2002)[24]关于现金流权具有"激励效应"的观点提供了来自公司融资方面的经验证据。Claessens,Djankov 和 Fan 等人(2002)认为,当实际控制人现金流权较低时,由于公司价值受损其所承担的成本比较小,实际控制人会倾向于获取控制权私有收益;而当现金流权较高时,由于其承担的成本较大,实际控制人会倾向于获取共享收益,现金流权对实际控制人具有"激励效应"[24]。本研究为上述观点提供了来自公司融资方面的证据,研究结果表明,当实际控制人现金流权水平较低时,由于其所承担的公司破产损失成本相对较小,实际控制人会更倾向于促使公司采取风险型负债融资行为,而当实际控制人现金流权较大时,这种动机则相对较弱。本研究结果表明关于现金流权具有"激励效应"的观点在公司融资方面对实际控制人同样也是适用的。

假设 3 描述了随着实际控制人现金流权的变化,其两权分离程度与公司资本结构间关系的变化,实证结果表明,随着实际控制人现金流权的增大,其两权分离程度对公司资本结构的影响逐渐减弱。也就是说,对于现金流权较小的公司,实际控制人两权分离程度对公司资本结构的正向影响相对较大;对于现金流权较大的公司,实际控制人两权分离程度对公司资本结构的正向影响相对较小。这一研究结论为 La Porta,Lopez-de-Silanes 和 Shleifer 等人(2002)[36]、吕长江和肖成民(2007)[181]的理论模型提供了来自融资方面的实证证据。La Porta,Lopez-de-Silanes 和 Shleifer 等(2002)建立了实际控制人攫取行为的收益模型,表明现金流权构成了实际控制人攫取行为的一种成本约束[36]。吕长江和肖成民(2007)[181]通过对上述模型的进一步扩展,说明了实际控制人的现金流权不仅会直接影响着公司的攫取行为,而且还会影响实际控制人的两权分离程度与攫取行为之间的关系。本书则进一步研究了上述关系在公司融资行为上的表现,表明现金流权对实际控制人两权分离程度作用的发挥具有显著的影响,为上述结论的适用性提供了来自融资方面的证据。

假设 4 描述了实际控制人控制权与公司资本结构间的关系,实证结果表明实际控制人控制权与公司资产负债率负相关。也就是说,实际控制人控制权比较低的上市公司具有相对较高的资产负债率,而实际控制人控制权比较高的公司具有相对较低的资产负债率。这一结论进一步证实了韩亮亮和李凯(2007)[182]关于实际控制人"控制权真空"的观点。当实际控制人的控制权较高时,由于"控制权真空"的存在使得股权融资的控制权稀释效应作用减弱,这使得实际控制人可能并不排斥采取股权融资方式;而当实际控制人控制权较低时,这种控制权稀释效应则比较强。"控制权真空"的存在促使实际控制人倾向于股权融资,实际控制人控制权水平与公司资产负债率呈现一种负相关关系。

假设 5 描述了在不同实际控制人性质公司实际控制人两权分离程度对公司资本结构影响的差异,实证结果表明国有控制公司实际控制人两权分离程度对公司资产负债率的正向影响相对较小,而非国有控制公司实际控制人两权分离程度对公司资产负债率的正向影响相对较大。这一结论为 Long 和 Sorger(2006)[183],Chen,Firth 和 Xu(2009)[161]关于产权论述的观点提供了证据。Long 和 Sorger(2006)认为,非国有上市公司股东的市场特征比较明显,具有强烈的动机将公司财产转入自己的"安全账户"[183]。而 Chen,Firth 和 Xu(2009)认为,由于国有股权的产权残缺和所有者缺位,作为国有资本出资人的政府官员不具有剩余索取权,其市场特征并不明显[161]。本书则通过比较两类公司实际控制人两权分离程度对公司资本结构影响程度的差异,进一步验证了上述论断,表明了非国有公司实际控制人相比国有公司实际控制人其市场特征更为明显;国有控制公司实际控制人扩大负债融资获取私有收益的动机相对较弱,其两权分离程度对公司资本结构的影响也相对较弱。

假设 6 描述了国有控制公司政府行政级别对公司资本结构的影响,实证结果表明,国有控制公司其政府股东行政级别越低,上市公司的资产负债率水平就越高。这一结论进一步验证了巴曙松,刘孝红和牛播坤(2005)[189],Wang 和 Xiao(2009)[187]关于政府干预的理论。巴曙松,刘孝红和牛播坤(2005)结合我国的具体国情分析表明政府干预可以帮助当地公司获取银行信贷资源[189],Wang 和 Xiao(2009)则认为相比中央政府,地方政府对所控制上市公司的干预相对更强[187]。本书的研究则进一步表明了相比中央政府,地方政府的财政负担往往较重,也就具有更强的动机帮助当地上市公司获取贷款资源。因而,政府行政级别越低,其所控制上市公司的资产负债率就越高。本研究为政府干预的作用和中央、地方政府的行政干预差别提供了进一步的证据。

假设 7 描述了实际控制人与上市公司之间的代理链层级与公司资本结构间的关系,实证结果表明,实际控制人与上市公司之间的代理链层级越长,上市公司的资产负债率就越高;代理链层级越短,上市公司的资产负债率就越低;实际控制人与上市公司之间的代理链层级对上市公司的资产负债率是一种正向的促进作用。代理链层级越长,金字塔结构的杠杆效应就越明显,实际控制人以同样的资金撬动的可控资源也就越多,从而以有限的资源达到四两拨千斤的效果就越为显著,为了增强其所控制的资源,实际控制人就会进一步促使上市公司扩大负债融资规模。同时,由于代理链层级越长,实际控制人就越隐蔽,其所受到的风险随着代理链层级的延长进一步分散化,扩大负债融资的风险对其影响程度就相对比较小。这一研究结论也为 Attig,Gadhoum 和 Lang 等人(2003)[194]的观点提供了间接的证据。Attig,Gadhoum 和 Lang 等人(2003)认为,代理链层级的延长使得实际控制人远离高风险项目,代理链层级越长,实际控制人可容忍的风险也就越大[194]。本书的研究则进一步表明代理链层级越长,实际控制人可承受的债务破产风险就越强,随着实际控制人代理链层级的延长,会促使上市公司采取更高的负债水平。

假设 8 描述了实际控制人与上市公司之间的代理链链条数与公司资本结构间的关系,实证检验结果没有验证该假设,表明实际控制人与上市公司之间的代理链链条数与公司资本结构间并不存在显著的相关关系,实际控制人代理链链条数并没有对公司资本结构产生显著的影响。该检验结果表明,金字塔结构杠杆效应的发挥主要依赖的是其纵向的多层级结构,而横向的多链条结构在其扩大资源控制中的作用并没有得到有效发挥。这种情况的出现从前述的描述性统计分析结果也可以看出其原因,描述性统计分析结果表明,有 81.41% 的上市公司实际控制人都仅通过 1 条代理链链条来控制上市公司,而 90% 左右的上市公司实际控制人都采用了多层级结构(2 层及以上)。实际控制人多层级结构的应用远高于对多链条结构的使用,因此得出上述结论也就不足为奇了。实证研究结果表明,实际控制人在采取金字塔结构扩大资源控制时,更注重采取多层级结构,而较少采取多链条结构。

假设 9 描述了国有控制公司实际控制人通过什么样的方式来控制上市公司对公司资本结构的影响,实证结果表明,实际控制人是否通过实业公司控制与上市公司资产负债率负相关。也就是说,与通过国有资产管理机构控制的公司相比,实际控制人通过实业公司控制的上市公司具有相对较低的资产负债率;与通过实业公司控制的上市公司相比,实际控制人通过国有资产管理机构控制的公司具有相对较高的资产负债率。这一结论与 Chen,Firth 和 Xu (2009)[161],Wang(2010)[195]关于两类公司政府干预程度差别的论断是一致的,并为它们提供了来自上市公司融资方面的证据。Chen,Firth 和 Xu (2009)认为,政府股东通过实业公司控制的上市公司,实业公司与上市公司的经营风险和业绩紧密相连,因而具有更强的风险感知和收益分享机制,具有强烈的动机和充分的专业知识来监督上市公司,上市公司更倾向于按照市场化的方式来进行运作,这类公司政府进行行政干预的成本会变得很高,因此政府干预程度相对较低[161]。Wang(2010)认为,国有资产管理机构与上市公司的经营业务并没有太大联系,也没有专业知识进行监督指导,更多的是依据政府的意志来行事,更多充当的是行政角色,因此这类公司的政府干预程度相对较大[195]。结合关于政府干预能够带来银行信贷资源的判断,政府股东为了实现减轻财政负担、扩大就业及显示政绩等目标,更可能通过干预这类上市公司,进而帮助它们获取银行信贷资源,这类公司也就具有更高的负债水平。本研究结论不仅验证了 Chen,Firth 和 Xu(2009)[161],Wang(2010)[195]关于两类公司政府干预差别的论断,而且为其差异在公司融资方面的表现提供了证据。

实际控制人与公司资本结构间关系的研究,突破了从上市公司表层股权对公司资本结构进行研究的局限,丰富和扩展了有关股权结构与公司资本结构之间关系的研究,直接揭示了上市公司实际控制人对公司资本结构所产生的重要影响。本研究结果表明,实际控制人会根据其私利目标对上市公司的资本结构产生重要影响。

6.2　市场化环境与公司资本结构之间的关系

本研究提出的假设 10～假设 12 描述了市场化环境与公司资本结构之间的关系。从实证检验结果来看,假设 10～假设 12 均通过了实证检验,这表明地区市场化环境差异对上市公司的资本结构具有重要的影响。地区市场化程度越高,上市公司倾向于选择较低的负债水平;政府干预程度越大,上市公司具有相对较高的负债水平;法律环境越完善,上市公司具有相对较低的负债水平。

假设 10 描述了地区市场化程度与公司资本结构之间的关系,实证结果表明地区市场化程度与公司资产负债率呈现显著负相关关系。也就是说,较高市场化程度地区的上市公司具有相对较低的资产负债率,而较低市场化程度地区的上市公司具有相对较高的资产负债率。这一结论为夏立军和陈信元(2007)[198]的观点提供了实证证据。夏立军和陈信元(2007)认为,市场化程度的提高降低了政府控制上市公司的动机[198]。在市场化程度较高的地区,政企分开程度相对较高,政府对企业经营和银行信贷的行政干预相对比较少。而在市场化程度较低的地区,政治关系可以更好地发挥作用,进而能够帮助上市公司获取信贷资源。同时,在市场化程度较低的地区,当地政府的财政负担往往也较重,由于地方政府与当地上市公司的紧密联系,当地政府具有强烈的动机来帮助上市公司获取信贷资源;市场化程度较低地区的上市公司往往具有相对较高的负债水平,而市场化程度较高地区的上市公司则具有相对较低的负债水平。

假设11描述了地区政府干预程度与公司资本结构之间的关系,实证结果表明地区政府干预程度与公司资产负债率呈现显著正相关关系。也就是说,政府干预程度较高地区的上市公司具有相对较高的资产负债率,政府干预程度较低地区的上市公司具有相对较低的资产负债率。这一结论为 Wang 和 Huyghebaert(2009)[204] 的观点提供了证据,与 Fan,Twite 和 Titman(2010)[147]的研究是一致的。Wang 和 Huyghebaert(2009)认为,政府干预越严重的地区,公司被攫取的风险越大,而股票市场投资者作为公司剩余索取者更容易受到上述价值破坏活动的影响,因而股票市场投资者也就比债权人更加关注公司被攫取的风险[204]。而 Fan,Twite 和 Titman(2010)的研究则发现政府干预可以直接通过干预银行的信贷决策,帮助公司获取银行贷款[147]。

假设12描述了地区法律环境与公司资本结构之间的关系,实证结果表明,地区法律环境与公司资产负债率呈现显著负相关关系。也就是说,法律环境较完善地区的上市公司具有相对较低的资产负债率,法律环境较差地区的上市公司具有相对较高的资产负债率。这一结论为 Li,Yue 和 Zhao(2009)[205],Hail 和 Leuz(2006)[206]的研究提供了进一步的实证支持。Li,Yue 和 Zhao(2009)认为相比债权人,法律环境的完善对权益投资者尤其是中小股东更为重要[205]。Hail 和 Leuz(2006)认为在法律环境较好的地区,与债权资金成本相比权益资金成本相对比较低,从而上市公司更可能会采取权益资金融资[206]。随着法律环境的完善,权益投资者尤其是小股东的利益得到保护,权益资本成本相对较低,因此上市公司的权益融资就会更多。法律环境与上市公司的资产负债率水平呈现负相关关系。

市场化环境与公司资本结构间关系的研究,将制度环境与公司融资间关系的研究从基于跨国的制度环境差异研究拓展到一国内不同地区间市场化环境差异的研究,并提供了来自中国证券市场的实证支持。本书的研究进一步充实和扩展了有关制度环境内容的研究,丰富了制度经济学的研究内涵。研究结果表明,市场化环境对公司资本结构具有显著的影响。

6.3 不同市场化环境下实际控制人对资本结构影响的差异

本研究提出的假设13~假设15描述了不同市场化环境下实际控制人对资本结构影响的差异。从实证检验结果来看,假设13~假设15均通过了实证检验,表明随着市场化环境的改善,实际控制人控制权与现金流权分离程度对公司资本结构的影响逐渐减弱。具体而言,市场化程度的提高、政府干预程度的减少、法律环境的改善会降低实际控制人控制权与现金流权分离程度对公司资本结构的正向影响。

假设13描述了不同市场化程度下实际控制人控制权与现金流权分离程度对公司资本结构影响的差异,实证结果表明,市场化程度的提高降低了实际控制人控制权与现金流权分离程度对公司资产负债率的正向影响。也就是说与市场化程度较低的地区相比,市场化程度高的地区实际控制人控制权与现金流权分离程度对公司资产负债率的正向影响相对较小;与市场化程度较高的地区相比,市场化程度低的地区实际控制人控制权与现金流权分离程度对资产负债率的正向影响相对较大。这一研究结论与 Li,Yue 和 Zhao (2009)[205]的研究结论是一致的。Li,Yue 和 Zhao(2009)发现,在市场化程度较低的情况下,所有权结构对资本结构的影响相对更强,而当市场化程度较高时,所有权结构对资本结构的影响则相对较弱[205]。但是 Li,Yue 和 Zhao (2009)[205]对于所有权结构的度量是从传统股权结构而没有从终极所有权的视角来进行研究。

假设14描述了不同政府干预程度下实际控制人控制权与现金流权分离程度对公司资本结构影响的差异,实证结果表明,政府干预程度的提高增强了实际控制人控制权与现金流权分离程度对公司资产负债率的正向影响。也就是说与政府干预程度较小的地区相比,政府干预程度大的地区实际控制人控制权与现金流权分离程度对公司资产负债率的正向影响相对较大;与政府干预程度较大的地区相比,政府干预程度较小的地区实际控制人控制权与现金流权分离程度对资产负债率的正向影响相对较小。这一结论也为余明桂和潘红波(2008)[203]关于政府干预严重地区政治关系所发挥增加贷款效应更为显著的观点提供了证据。

假设15描述了不同法律环境下实际控制人控制权与现金流权分离程度对公司资本结构影响的差异,实证结果表明,法律环境的改善降低了实际控制人控制权与现金流权分离程度对公司资产负债率的正向影响。也就是说,与法律环境较差的地区相比,法律环境较好的地区实际控制人控制权与现金流权分离程度对公司资产负债率的正向影响相对较小;与法律环境较好的地区相比,法律环境较差地区实际控制人控制权与现金流权分离程度对公司资产负债率的正向影响相对较大。这一研究结论与肖作平(2009)[209]的研究结论是一致的。肖作平(2009)认为,法律环境的改善有助于减弱控制股东与公司债务水平之间的关系,但他的研究是从直接控股股东的视角进行的,忽视了其背后实际控制人的存在[209]。在市场化环境较差的地区,市场化程度较低,各项监督机制不完善,政府也可能采取更多的行政干预行为,再加上法律环境对投资者保护的不完善,实际控制人进行侵占行为的成本相对较小,事后被惩处的概率也相对较低,因而在较差的市场化环境下实际控制人扩大负债融资以便利于其攫取行为的动机也就更为强烈。而在市场化环境较好的地区,实际控制人进行侵占行为的成本则相对较高,事后被惩罚的可能性也比较高,因而其扩大负债融资的动机也就相对较弱。

不同市场化环境下实际控制人对公司资本结构影响差异的研究,克服了以往单独从某一个方面对公司资本结构进行研究的局限,进一步考察了市场化环境与实际控制人的交互作用对公司资本结构的影响,丰富和扩展了对公司资本结构问题的研究视角和研究思路。本研究结果表明,在不同的市场化环境下,上市公司实际控制人对公司资本结构的影响具有显著的差异;随着市场化环境的改善,市场化环境对实际控制人的制约作用越来越明显,实际控制人控制权与现金流权分离程度对公司资本结构的影响程度逐渐减弱。

6.4 不同实际控制人类型下市场化环境对资本结构影响的差异

本研究提出的假设16~假设18描述了不同实际控制人类型下市场化环境对公司资本结构影响的差异,也就是检验市场化环境对公司资本结构的影响在国有控制公司和非国有控制公司这两类不同类型公司里其作用大小是否存在差异。从实证检验结果来看,假设 16～假设 18 均通过了实证检验,表明与非国有控制公司相比,在国有控制公司里市场化环境对公司资本结构的影响相对更强。具体而言,与非国有控制公司相比,市场化程度、政府干预程度、法律环境对公司资本结构的影响在国有控制公司里相对更大。

假设 16 描述了不同实际控制人类型下市场化程度对公司资本结构影响的差异,实证结果表明,与非国有控制公司相比,在国有控制公司里市场化程度对公司资产负债率的负向影响相对更大。这一研究结论为夏立军和方轶强(2005)[148]的观点提供了公司融资方面的证据。夏立军和方轶强(2005)发现,市场化程度对公司价值的促进作用在政府控制的公司里更为明显[148],本研究则进一步发现市场化程度对公司资本结构的影响在国有控制公司相对更大。在市场化程度低的地区,债务约束软化导致银行倾向于为国有控制公司贷款,而对民营企业的贷款歧视较为严重;而在市场化程度较高的地区,这种差别则要小得多。随着市场化程度的提高,两类公司在"贷款歧视"方面的差别逐渐缩小,也即意味着市场化程度对公司负债水平的影响在国有控制公司里相对更大。

假设 17 描述了不同实际控制人类型下政府干预程度对公司资本结构影响的差异,实证结果表明,与非国有控制公司相比,在国有控制公司里政府干预程度对公司资产负债率的正向影响相对更大。这一研究结论为 Boycko,Shleifer 和 Vishny(1996)[213]的观点提供了实证支持,与 Wang 和 Huyghebaert(2009)[204]的研究结论是一致的。Boycko,Shleifer 和 Vishny(1996)认为,政府对国有控制公司的行政干预更为方便,干预的可能性也就更大,本书的实证结果从侧面也验证了这一点[213]。Wang 和 Huyghebaert(2009)认为在政府干预严重的地区,股票市场投资者更不愿意为国有控制公司提供权益资金[204]。本书则从政府干预能够帮助上市公司获取贷款资源的角度,验证了政府干预对公司资产负债率的正向影响,而 Wang 和 Huyghebaert(2009)[204]的研究结论也说明了这一点。

假设 18 描述了不同实际控制人类型下法律环境对公司资本结构影响的差异,实证结果表明,与非国有控制公司相比,在国有控制公司法律环境对公司资产负债率的负向影响相对更大。这一研究结论为 Xu,Zhu 和 Lin(2005)[214],钟海燕和冉茂盛(2010)[211]的研究提供了实证支持。Xu,Zhu 和 Lin(2005)认为,法律环境不完善的地区,政府增加财政收入、控制失业率等目标的动机相对更强,在国有控制公司政府股东与小股东的利益冲突也就更为严重[214]。钟海燕和冉茂盛(2010)则认为,随着法律环境的改善,银行预算约束硬化的改善效果在国有控制公司更为明显[211]。上述两方面的研究都从侧面说明了在国有控制公司,法律环境所发挥的作用相对较大。本书的实证证据也表明在国有控制公司里,法律环境对公司资产负债率的影响相对更强。

不同实际控制人类型下市场化环境对公司资本结构影响差异的研究,进一步考虑了市场化环境作用的发挥在国有控制公司与非国有控制公司间的差异,一定程度上充实了市场化环境与公司融资间关系的研究内容和发展方向。本书的研究结果表明,不同实际控制人类型的上市公司,市场化环境对公司资本结构的影响具有显著的差异;与非国有控制公司相比,市场化环境对公司资本结构的影响程度在国有控制公司相对更大。

以往文献中关于实际控制人、市场化环境和公司资本结构之间关系的研究内容十分有限,考虑实际控制人和市场化环境交互作用的研究更为匮乏。本研究将三者纳入一个统一的分析框架,不仅单独考察了实际控制人和市场化环境对公司资本结构的影响,而且进一步深入考察了二者交互作用对公司资本结构的影响。本研究不仅丰富和扩展了对公司资本结构问题的研究内容和发展方向,而且具有较强的理论和现实意义。

第7章 研究结论与展望

本章就实际控制人、市场化环境对资本结构的影响问题的研究结论进行归纳,在此基础上进一步提出相关政策建议,阐明本研究的主要创新点,最后分析说明本研究的局限性和未来的研究方向。

7.1 主要研究结论

资本结构问题是公司财务决策的起点,是公司有效运转和持续健康发展的经济基础,直接影响公司的投资决策和股利分配决策,进而影响公司的盈利能力、经营风险,并影响公司的价值。资本结构问题的研究一直是理论界和实务界的研究热点,对资本结构问题的研究受到国内外学者的广泛关注。本书的主要研究目的就是在我国不完善的市场化制度环境背景下,基于我国上市公司股权相对集中、存在实际控制人的现实状况,分析实际控制人和市场化环境及其交互作用对上市公司资本结构的影响。在借鉴有关公司治理、资本结构研究成果的基础上,本研究提供了一个关于实际控制人、市场化环境与资本结构之间关系的理论和实证研究,丰富和扩展了对公司资本结构问题的研究。

首先对与本研究紧密相关的实际控制人存在普遍性及其代理问题、资本结构理论及其影响因素和市场化环境相关研究的文献进行了系统回顾和梳理,在此基础上进行了文献述评,并归纳了所获取的研究启示;其次,基于对相关理论的分析和归纳,提炼出了一个实际控制人、市场化环境如何影响公司资本结构的概念模型,并通过相应的理论论证提出了研究假设;再次,对如何检验所提出的研究假设进行了具体的实证研究设计;最后,运用描述性统计分析、相关性分析和多元线性回归分析等统计方法对所提出的假设进行了实证检验,验证了实际控制人、市场化环境对公司资本结构的影响。本研究主要得出了如下研究结论:

(1)实际控制人对上市公司的资本结构产生了重要的影响。在我国特殊的现实背景下,负债融资具有"控制权非稀释效应",同时扩大实际控制人所控制的资源,便利其攫取行为,因此,实际控制人的代理问题会促进公司的负债融资。实际控制人控制权与现金流权的分离程度越大,其利益侵占动机就越强,并会倾向于提高上市公司的负债水平。在确保控制权的情况下,实际控制人的现金流权水平越低,上市公司的负债水平就越高。由于现金流权的"激励效应",随着实际控制人现金流权的增大,实际控制人控制权与现金流权的分离对公司负债水平的影响逐渐减弱。"控制权真空"的存在使得实际控制人控制权与公司资产负债率负相关。由于国有实际控制人的所有者缺位,与非国有控制公司相比,国有控制公司实际控制人控制权与现金流权分离程度对公司负债水平的正向影响相对较小。对于国有控制公司,上市公司的实际控制人——政府行政级别也会影响上市公司的资本结构。总体而言,政府行政级别越低,实际控制人所控制上市公司的资产负债率水平就越高。实际控制人的代理链层级具有"杠杆效应",代理链层级越长,上市公司的负债水平就越高。而实际控制人的代理链链条数并没有对上市公司的资产负债率水平产生显著的影响。对国有控制公司而言,与通过国有资产管理机构控制的公司相比,实际控制人通过实业公司控制的上市公司往往具有相对较低的资产负债率水平。

(2)市场化环境影响着市场参与者的动机,对上市公司的资本结构具有重要影响。市场化程度的提高降低了政治关系便利银行贷款作用的发挥,地区市场化程度与公司资产负债率水平负相关。政府干预程度越严重的地区,当地政府越可能通过政府担保或财政补贴的方式降低上市公司违约的概率,帮助其获取银行贷款。同时政府干预也可以通过直接干预银行信贷帮助上市公司获取贷款资源,地区政府干预程度的增加会提高当地上市公司的资产负债率水平。法律环境的不同会影响着公司不同融资方式的资本成本,法律环境的改善降低了公司的资产负债率水平。

(3)不同市场化环境下,实际控制人对公司资本结构的影响具有较大的差异,较好的市场化环境能够降低实际控制人控制权与现金流权分离程度对公司资本结构的影响程度。具体说来主要包含以下三方面:市场化程度的提高能够降低实际控制人两权分离程度对公司资本结构的正向影响;政府干预程度的减少能够降低实际控制人两权分离程度对公司资本结构的正向影响;法律环境的改善能够降低实际控制人两权分离程度对公司资本结构的正向影响。总体而言,在具有较好市场化环境的地区,实际控制人两权分离程度对公司资本结构的正向影响相对较小。

(4)市场化环境对公司资本结构的影响会受到实际控制人微观特征的制约,市场化环境对公司资本结构的影响在国有控制公司更为显著。具体表现在：与非国有控制公司相比，市场化程度对公司资产负债率的负向影响在国有控制公司相对更强；与非国有控制公司相比，政府干预程度对公司资产负债率的正向影响在国有控制公司相对更强；与非国有控制公司相比，法律环境对公司资产负债率的负向影响在国有控制公司相对更强。总之，就市场化环境对公司资本结构的影响而言，市场化环境作用的发挥在国有控制公司样本更为明显。

7.2　政策建议

本研究结论表明，实际控制人对上市公司的资本结构产生了重要影响；实际控制人在促使上市公司融资时，考虑更多的是其私有收益，损害了债权人和中小股东的利益。同时市场化环境也会对上市公司的资本结构和实际控制人的私利行为产生影响。根据研究结论，提出如下相关政策建议：

（1）上市公司应结合其所在地的市场化环境进行资本结构决策。本书的研究表明，各地区的市场化环境对上市公司的资本结构具有重要的影响，制度环境的变迁必将影响到公司的微观行为，市场化环境也制约着公司自身的融资决策。不同时期、不同市场化环境下公司的融资决策是不同的，上市公司在融资时，要充分考虑其所处地的市场化环境，结合其所在地市场化程度、政府干预程度和法律环境的影响，选择适合自身的资本结构水平。

（2）进一步完善上市公司实际控制人信息披露制度，加强对上市公司信息披露违规行为的处罚。实际控制人通过"金字塔结构"、交叉持股、发行多重股票等方式与上市公司之间组成了一个复杂的"网络结构"，令人眼花缭乱，使得实际控制人对上市公司的资金侵占、关联交易等行为更为隐蔽。本书的研究也表明，实际控制人对上市公司的资本结构产生了重要影响。上市公司实际控制人的相关状况更详细、完整的披露在广大投资者面前，有利于保护外部投资者的知情权，并能够促进投资者对实际控制人的监督，降低实际控制人获取私有收益的行为。我国上市公司管理层也已经意识到了这个问题，中国证监会于 2004 年发布通知，明确要求上市公司披露公司实际控制人的情况，并以方框图及文字的形式披露公司与实际控制人之间的产权和控制关系。然而，本书在搜集上市公司实际控制人信息资料的过程中发现，上市公司对实际控制人的信息披露还很不规范、很不完善，存在着信息披露不充分、不及时等一系列问题（吴建忠，2010）[221]。因此，应进一步完善上市公司实际控制人信息披露制度。对上市公司各控制链条信息的充分披露，有助于广大外部投资者识别上市公司的相关关联方,明确其幕后实际控制人,进而能够有效地监督实际控制人的关联交易、资金侵占等获取私有收益的行为,同时也有助于减少实际控制人通过影响上市公司的资本结构来获取相关私有收益的行为,有效保护广大中小投资者的利益。

(3)积极培育机构投资者,增强对实际控制人的制衡力量。正如前文所述,我国上市公司存在实际控制人的现象十分普遍,这种"一股独大"的股权结构不仅与现代股份公司产权主体多元化的要求相背离,而且极大地削弱了产权多元化的股权制衡机制。因此,进一步完善上市公司治理结构的方向之一就是降低实际控制人的控制权,采取措施减少实际控制人控制权与现金流权的分离程度,积极培育能够有效监督实际控制人的机构投资者,减轻实际控制人对中小股东的侵害。机构投资者是介于大股东与广大中小股东之间的"第三方力量",他们具有监督实际控制人的专业能力和资源优势,从而能够有效地改善公司治理结构。

(4)采取相关措施注重市场化环境建设,促进各地区市场化程度的提高、降低政府干预程度、完善相关法律环境,从制度上改善上市公司所处的外部融资环境。本书的研究表明,市场化环境的改善(市场化程度的提高、政府干预程度的降低、法律环境的改善),有助于减少上市公司各种不规范的融资行为,促进上市公司资本结构的合理化;市场化环境对上市公司的资本结构具有显著的影响。同时,本书的研究也表明,市场化环境的完善,有助于降低实际控制人代理问题(控制权与现金流权分离程度)对上市公司资本结构的影响,进而有助于减少实际控制人通过影响上市公司的资本结构来获取控制权私有收益的行为。由此可见,市场化环境的完善对实际控制人控制权私利行为具有显著的制约作用,对于保护中小投资者的利益具有重要的意义。要建立有利于保护中小股东的法律环境,改革现行公司投票权制度,逐渐建立起累积投票制度,促使中小股东选举自己的代表进入公司董事会,监督实际控制人的行为,切实保护广大中小股东的利益。市场化制度环境建设作为市场经济的一项重要基础建设工程,对规范上市公司融资行为,完善上市公司运行环境,减少上市公司实际控制人获取私有收益的行为具有举足轻重的作用。

(5)进一步促进国有商业银行的产权改革,建立起高效的银行系统。鉴于目前我国负债治理功能弱化、贷款"预算软约束"等现象的存在,必须进一步深化企业和银行产权体制改革,降低银企产权同质性程度,完善银行运作机制和治理结构,促进银行经营行为的"市场化",充分发挥债务资金的约束、治理功能,强化银行的贷款责任,真正实现银行贷款的"硬约束",加强银行对实际控制人使用上市公司资金的监督、制约作用,完善上市公司破产机制,使得银行与上市公司之间建立一种真正市场化的债权债务关系。

(6)进一步完善国有企业改革,建立现代企业制度。本书的研究结果表明,对于国有控制公司而言,政府的行政级别和政府是否通过实业公司控制上市公司对上市公司的资本结构产生了重要影响,这说明政府在国有上市公司的经营决策(包括融资决策)中仍然扮演着十分重要的角色,干扰了国有上市公司的市场化运行,因此必须进一步完善国有上市公司的现代企业制度建设,真正做到政企分开,发挥市场经济的作用。从本书的研究结果可知,政府通过实业公司控制的上市公司其代理问题小于政府通过国有资产管理机构控制的上市公司,因此应进一步促进国有资产体制改革,逐步减少政府直接控制或通过国有资产管理机构控制上市公司的比例,逐步转变为通过实业公司来控制上市公司。要进一步完善地方政府官员的考核、晋升体制,减轻其对当地上市公司融资行为干预的动机,建立现代企业制度和治理结构,减轻地方政府对当地上市公司的干预能力。要解决国有实际控制人的"所有者缺位"问题,明确各级国有股权代表的人格化主体,明确其责、权、利之间的相互关系,强化其市场地位,更好地实现国有上市公司资本的保值、增值,建立一套适应社会主义市场经济的现代国有企业制度。

7.3　主要创新点

与以往相关研究文献相比,本研究的主要创新之处可以归纳为以下几方面:

(1)构建了一个实际控制人与市场化环境对公司资本结构影响的关系模型。从公司治理理论的研究前沿——终极产权出发,结合我国独特的市场化环境,将二者纳入对公司资本结构研究的统一分析框架,发展了对公司资本结构问题的研究。通过这一关系模型,本书不仅系统研究了实际控制人与市场化环境各自对公司资本结构的影响,而且进一步深入考察了实际控制人与市场化环境二者交互作用对公司资本结构的影响。将微观与宏观相结合,并考虑它们之间的相互联系,在一定程度上克服了以往从单个方面割裂开来研究公司资本结构问题的局限,丰富和扩展了公司资本结构问题的研究内容和发展方向。

(2)突破从上市公司表层股权进行研究的局限,从实际控制人的视角系统研究了其对公司资本结构的影响。关于股权结构对公司资本结构影响的研究,以往学者往往是从表层第一大股东的视角进行的,忽视了大股东背后的实际控制人,研究结果难免有失偏颇,削弱了研究的准确性。本研究克服了这一局限,研究发现在我国特殊的现实制度背景下,负债融资具有"控制权非稀释效应",负债融资扩大了实际控制人所控制的资源,便利了其攫取行为,实际控制人控制权与现金流权分离程度越大,其利益侵占动机就越强,会倾向于提高上市公司负债水平;在确保控制权的情况下,实际控制人现金流权越低,上市公司负债水平就越高;由于现金流权的"激励效应",随着实际控制人现金流权的增大,实际控制人两权分离程度对公司负债的影响逐渐减弱;"控制权真空"的存在导致实际控制人控制权与公司资产负债率负相关;由于国有股东的所有者缺位,与非国有控制公司相比,国有控制公司实际控制人两权分离程度对公司负债水平的正向影响相对较弱;政府行政级别越低,实际控制人所控制上市公司的资产负债率水平就越高;实际控制人的代理链层级具有"杠杆效应",代理链层级越长,上市公司负债水平越高;实际控制人的代理链链条数并没有对公司的资本结构产生显著的影响;对国有控制公司而言,实际控制人通过实业公司控制的上市公司往往具有较低的资产负债率。总体而言,实际控制人对上市公司的资本结构产生了重要影响。

(3)将市场化环境与公司融资间关系的研究从基于跨国的市场化环境差异研究拓展到基于一国内不同地区间市场化环境差异的研究。基于跨国的市场化环境差异研究一个很明显的缺陷就是很难控制各国在破产法规、会计准则和税收制度等方面存在的差异,研究结果的可比性较差。本研究基于我国各地区间市场化环境差异较大的现实背景,发现市场化程度的提高降低了公司资产负债率水平;地方政府干预程度的增加会提高当地上市公司的资产负债率水平;法律环境的改善降低了上市公司的资产负债率水平。市场化环境对上市公司的资本结构具有重要的影响。

(4)分析并验证了实际控制人与市场化环境交互作用对公司资本结构的影响。以往文献往往单独考虑某一因素对公司资本结构的影响,忽视了各要素之间的相互联系,具有一定的片面性。本研究进一步考虑了实际控制人与市场化环境的交互作用对公司资本结构的影响,发现不同市场化制度环境下实际控制人对公司资本结构的影响具有显著的差异。总体而言,在较好的市场化环境地区(市场化程度高、政府干预程度小、法律环境完善),实际控制人两权分离程度对公司资本结构的正向影响相对较小。市场化环境对公司资本结构的影响会受到实际控制人微观特征的制约,市场化环境(市场化程度、政府干预程度、法律环境)对公司资本结构的影响程度在国有控制公司相对

144

更大。

7.4　研究局限与展望

尽管本研究取得了一定价值的研究成果,达到了预期的研究目标,但受制于一些主、客观因素的制约,仍然存在以下几方面的局限性:

(1)受制于数据的可得性,本研究仅是以我国上市公司为研究对象来揭示实际控制人、市场化环境对公司资本结构的影响,并得出了相关研究结论。上市公司是我国企业中的优质资产企业,其所面临的融资环境和市场环境与非上市公司存在着很大的不同,如上市公司存在着公开发行的股票市场、存在着信息披露的强制要求、其公司治理机制也相对较为完善等。因此,研究结论是否适用于非上市公司尚不得而知。在占我国企业主体的广大非上市公司,实际控制人、市场化环境与公司资本结构三者之间的关系如何,还有待于进一步的探究。

(2)对实际控制人某些特征变量的计算受制于上市公司信息披露的充分性和本研究所搜集相关资料的完整性。由于各种主观或客观因素的影响,上市公司对实际控制人相关控制结构的信息披露可能是不完备的,如上市公司年报控制链方框图有的披露同时存在着几个大股东,但并没有披露它们之间的关系,本研究虽然尽力通过各种办法来探究他们之间是否存在关联关系以及存在何种关联关系,但很难保证能够完全探寻到他们之间的真实关系。另外,实际控制人某些特征变量(如代理链层级、代理链链条数、实际控制人产权性质、国有股东政府行政级别、实际控制人是否通过实业公司控制,以及某些公司控制权、现金流权的计算等)需要手动搜集整理和计算,过程异常烦琐、工作量可想而知,本研究虽然借助网络、数据库以及上市公司年报等多种渠道搜集相关信息,由于主客观条件的限制难免会遗漏一些信息,出现信息搜集不充分的情况。

(3)对市场化环境变量衡量的科学性取决于樊纲、王小鲁和朱恒鹏(2010)编制的指数。这一指数虽然得到广泛的运用,具有一定的权威性,但本研究无法验证它的真实性和有效性。同时,由于该指数仅提供到截至 2007 年的相关数据,本研究采用 2007 年的相关指数衡量 2008 年和 2009 年的相关市场化环境变量也存在着一定的局限性。上述指数能否恰当地反映所要研究的三个市场化环境方面,仍有待于进一步的商榷,但如何度量市场化环境变量本身就是理论界的一大难题。

本研究的局限性成为本研究的些许遗憾,但也为未来的研究提供了新的契机。笔者认为,未来的研究可以从以下几方面来进行扩展和深化:

(1)在更为普遍的广大非上市公司,可以通过问卷调查和实地调研等方式来获取相关研究资料,对非上市公司实际控制人、市场化环境如何影响公司的资本结构进行研究。也可以通过系统、深入的调研某一家公司的相关资料进行个别公司的案例研究。

(2)在市场化环境方面,本研究仅考虑了市场化程度、政府干预程度和法律环境三方面,但市场化环境包含的内容很多,未来的研究可以从更多的市场化环境方面着手,如金融市场的发展程度等。同时,在市场化环境变量的衡量方面,如何突破樊纲、王小鲁和朱恒鹏(2010)研究资料的局限性,采用其他指标来衡量市场化环境也是未来的研究方向。这方面的研究一方面可以扩展本研究,另一方面也可以和本研究进行相互印证。

(3)在上市公司的资本结构方面,本研究仅考虑了最常见也即最基本的指标——资产负债率,实际控制人、市场化环境对公司融资行为其他表现方面(如债务期限结构、银行借款比率、商业信用融资比例等)的影响作用如何尚不得而知,对这方面的扩展研究也是未来的一个重要研究方向。

(4)本研究在对实际控制人、市场化环境对公司资本结构影响的研究过程中,没有考虑其他的公司治理机制,如何结合更多的公司治理机制(如董事会治理、机构投资者、监事会治理以及经理层等)来进行扩展研究也是未来的一个重要研究方向。

附 录

附表 1 各地区市场化程度指数、政府干预指数和法律环境指数

年份 变量 省份	MARKET				GOVI				LAW			
	2004	2005	2006	2007	2004	2005	2006	2007	2004	2005	2006	2007
北京	8.19	8.48	8.96	9.55	8.82	9.23	9.21	9.32	8.1	7.78	7.87	8.41
天津	7.86	8.41	9.18	9.76	7.79	8.49	8.74	9.25	7.49	8.51	8.98	9.92
河北	6.05	6.61	6.93	7.11	8.53	8.69	8.7	8.69	3.9	5.11	5.13	5.27
山西	5.13	5.28	5.84	6.23	6.68	7	6.85	6.96	3.61	4.38	4.51	4.78
内蒙古	5.12	5.74	6.28	6.4	6.28	6.86	6.79	7.01	3.96	4.47	4.43	4.5
辽宁	7.36	7.92	8.18	8.66	7.75	8.45	8.48	8.67	5.46	6.35	6.55	7.23
吉林	5.49	6.06	6.44	6.93	7.02	7.65	7.78	8.31	3.89	4.79	4.84	5.37
黑龙江	5.05	5.69	5.93	6.27	7.62	7.74	7.61	8.07	4.56	5.3	5.15	5.46
上海	9.81	10.25	10.79	11.71	9.76	9.96	9.87	10.27	11.06	12.84	13.87	16.61
江苏	8.63	9.35	9.8	10.55	9.85	10.32	10.55	10.6	6.61	8.18	9.07	11.5
浙江	9.77	10.22	10.8	11.39	9.46	9.9	9.97	10.12	8.39	10.59	11.97	13.89
安徽	5.99	6.84	7.29	7.73	8.96	9.83	9.86	9.8	3.15	4.99	5.53	5.99
福建	8.33	8.94	9.17	9.45	9.3	9.94	9.99	10.34	5.3	6.41	6.61	6.92
江西	5.76	6.45	6.77	7.29	7.25	7.7	7.99	8.41	3.38	4.32	4.28	4.75
山东	7.52	8.44	8.42	8.81	8.1	8.52	8.71	9.05	5.13	6.14	6.71	7.37
河南	5.64	6.73	7.07	7.42	7.94	8.57	8.28	8.54	3.38	4.52	4.66	4.99
湖北	6.11	6.86	7.12	7.4	8.47	9.03	9.04	9.11	3.81	4.87	5.02	5.79
湖南	6.11	6.75	6.98	7.19	7.5	7.67	7.57	7.68	3.75	4.29	4.2	4.32
广东	9.36	10.18	10.55	11.04	9.57	10.61	10.65	10.65	8.86	10.64	11.47	12.59
广西	5.42	6.04	6.12	6.37	8.62	9.13	8.77	8.92	3.17	3.8	3.7	4.23
海南	5.41	5.63	6.35	6.88	7.79	8.52	8.64	8.45	3.57	3.63	3.74	3.87
重庆	7.2	7.35	8.09	8.1	8.25	8.9	8.95	8.81	3.95	4.89	5.2	5.61
四川	6.38	7.04	7.26	7.66	8.51	9.44	9.52	9.46	4.11	5.04	5.24	5.96
贵州	4.17	4.8	5.22	5.57	6.59	6.67	6.75	6.62	2.16	3.12	3.2	3.76
云南	4.81	5.27	5.72	6.15	6.98	7.4	7.7	8.07	2.75	3.91	4.15	4.63
西藏	1.55	2.64	2.89	4.25	−0.84	−1.09	−0.05	1.13	2.63	3.6	3.78	3.89
陕西	4.46	4.81	5.11	5.36	7.68	7.67	7.25	7.13	2.88	3.96	4.29	4.99
甘肃	3.95	4.62	4.95	5.31	6.58	7.12	7.05	6.57	2.11	3.34	3.57	3.79
青海	3.1	3.86	4.24	4.64	4.86	5.59	5.82	5.07	1.53	1.85	2.06	2.79
宁夏	4.56	5.01	5.24	5.85	6.31	6.79	6.63	7.03	2.83	3.47	3.52	3.8
新疆	4.76	5.23	5.19	5.36	5.93	6.52	6.47	6.26	4.48	4.83	4.64	4.56

附表2 多元回归分析（假设1～假设4）的稳健性检验（20%有效控制权）

变量	预期符号	LEV							
		①	②	③	④	⑤	⑥	⑦	⑧
常数项	?	-0.760 0*** (-19.144 5)	-0.753 0*** (-19.004 4)	-0.759 9*** (-19.175 3)	-0.756 6*** (-19.221 0)	-0.766 0*** (-19.308 3)	-0.759 2*** (-19.180 3)	-0.762 4*** (-19.245 4)	-0.746 9*** (-18.968 8)
DIV_1	+	0.0159*** (4.423 6)				0.037 4*** (6.1216)			
DIV_2	+		0.079 9*** (3.907 9)						
DIV_3	+			0.040 7*** (5.361 9)			0.218 6*** (6.109 9)	0.066 8*** (5.709 9)	
CR	-				-0.107 0*** (-9.838 9)				
$CRDIV_1$	-					-0.081 0*** (-4.347 1)			
$CRDIV_2$	-						-0.657 7*** (-4.720 5)		
$CRDIV_3$	-							-0.183 7*** (-2.931 7)	
VR	-								-0.122 1*** (-9.312 3)

续表

变量	预期符号	LEV							
		①	②	③	④	⑤	⑥	⑦	⑧
SIZE	+	0.055 3***	0.055 0***	0.055 2***	0.057 5***	0.055 6***	0.055 3***	0.055 4***	0.057 6***
		(31.258 9)	(31.127 5)	(31.280 1)	(32.364 7)	(31.440 9)	(31.332 3)	(31.371 4)	(32.330 3)
CVA	+	0.140 0***	0.139 8***	0.140 3***	0.139 5***	0.140 1***	0.139 8***	0.140 1***	0.137 6***
		(12.282 8)	(12.261 5)	(12.317 1)	(12.306 0)	(12.301 8)	(12.278 1)	(12.306 0)	(12.134 7)
ROA	−	−1.039 7***	−1.040 0***	−1.034 1***	−1.006 6***	−1.025 3***	−1.028 8***	−1.028 1***	−1.002 9***
		(−39.340 0)	(−39.341 2)	(−39.114 6)	(−37.970 3)	(−38.545 8)	(−38.806 8)	(−38.786 2)	(−37.681 4)
TOB	?	−0.009 9***	−0.009 6***	−0.009 8***	−0.010 8***	−0.010 4***	−0.009 9***	−0.010 0***	−0.011 2***
		(−4.116 0)	(−3.991 2)	(−4.092 0)	(−4.543 7)	(−4.337 4)	(−4.129 8)	(−4.163 9)	(−4.685 7)
INDU		控制	控制	控制	控制	控制	控制	控制	控制
YEAR		控制	控制	控制	控制	控制	控制	控制	控制
Adjust R²		0.371 2	0.370 8	0.372 0	0.378 0	0.372 8	0.372 7	0.372 7	0.377 1
F值		138.954 2***	138.726 2***	139.441 7***	143.054 4***	135.426 1***	135.379 2***	135.367 6***	142.519 1***
D.W值		1.970 8	1.969 1	1.970 6	1.975 8	1.974 0	1.969 3	1.970 6	1.972 7
样本量		7 013	7 013	7 013	7 013	7 013	7 013	7 013	7 013

注:()内表示 t 值;*、**、***分别表示双尾检验在10%、5%和1%水平上显著。

附表 3　多元回归分析(假设 5 和假设 6)的稳健性检验(20％有效控制权)

变量	预期符号	LEV			
		①	②	③	④
常数项	?	−0.774 6*** (−19.328 3)	−0.761 4*** (−19.101 9)	−0.764 7*** (−19.196 0)	−0.702 6*** (−13.745 9)
DIV_1	+	0.022 7*** (5.110 9)			
DIV_2	+		0.110 3*** (4.253 3)		
DIV_3	+			0.046 6*** (5.118 2)	
$STADIV_1$	−	−0.014 1*** (−2.603 2)			
$STADIV_2$	−		−0.064 5* (−1.904 6)		
$STADIV_3$	−			−0.015 0 (−1.176 6)	
$GOVR$	+				0.014 4*** (5.125 4)
$SIZE$	+	0.055 9*** (31.347 5)	0.055 3*** (31.169 1)	0.055 4*** (31.259 0)	0.052 4*** (24.056 3)
CVA	+	0.141 2*** (12.383 6)	0.140 6*** (12.322 0)	0.140 7*** (12.343 9)	0.117 6*** (8.336 1)
ROA	−	−1.041 7*** (−39.415 5)	−1.041 2*** (−39.381 4)	−1.034 5*** (−39.126 6)	−1.046 6*** (−29.451 7)
TOB	?	−0.009 9*** (−4.150 0)	−0.009 6*** (−3.992 1)	−0.009 8*** (−4.102 1)	−0.013 9*** (−4.070 1)
$INDU$		控制	控制	控制	控制
$YEAR$		控制	控制	控制	控制
Adjust R^2		0.371 7	0.371 0	0.372 0	0.339 6
F 值		134.801 7***	134.418 7***	134.995 7***	84.649 7***
D.W 值		1.966 5	1.966 7	1.969 0	1.960 1
样本量		7 013	7 013	7 013	4 719

注:()内表示 t 值;*,**,***分别表示双尾检验在 10％,5％和 1％水平上显著。

附表 4　多元回归分析(假设 7～假设 9)的稳健性检验(20％有效控制权)

变量	预期符号	LEV			
		①	②	③	④
常数项	?	−0.752 3*** (−18.988 8)	−0.751 5*** (−18.957 6)	−0.744 3*** (−18.708 4)	−0.616 5*** (−12.464 6)
LLAY	+	0.007 4*** (3.827 0)			
SLAY	+		0.006 6*** (3.053 5)		
CHAIN				−0.000 9 (−0.369 9)	
INDC	−				−0.015 9* (−1.847 8)
SIZE	+	0.054 4*** (30.742 5)	0.054 5*** (30.775 7)	0.054 8*** (31.004 8)	0.050 7*** (23.536 9)
CVA	+	0.139 0*** (12.188 6)	0.138 2*** (12.119 5)	0.138 4*** (12.115 2)	0.119 3*** (8.431 5)
ROA	−	−1.033 3*** (−38.983 9)	−1.032 2*** (−38.810 1)	−1.040 2*** (−39.253 9)	−1.045 2*** (−29.331 4)
TOB	?	−0.009 9*** (−4.128 6)	−0.009 8*** (−4.105 0)	−0.009 7*** (−4.030 4)	−0.015 7*** (−4.597 5)
INDU		控制	控制	控制	控制
YEAR		控制	控制	控制	控制
Adjust R²		0.370 7	0.370 2	0.369 4	0.336 4
F 值		138.693 0***	138.410 4***	137.922 7***	83.455 6***
D.W 值		1.975 3	1.974 2	1.966 8	1.959 0
样本量		7 013	7 013	7 013	4 719

注:()内表示 t 值;*,**,***分别表示双尾检验在 10％,5％和 1％水平上显著。

附表 5　多元回归分析(假设 10～假设 12)的稳健性检验(20%有效控制权)

变量	预期符号	LEV		
		①	②	③
常数项	?	−0.734 9***	−0.711 0***	−0.750 7***
		(−18.527 4)	(−17.522 7)	(−18.981 1)
MAR	−	−0.003 8***		
		(−3.988 2)		
GOVI	−		−0.005 5***	
			(−3.870 4)	
LAW	−			−0.002 8***
				(−5.430 3)
SIZE	+	0.055 5***	0.055 2***	0.055 7***
		(31.282 6)	(31.204 3)	(31.435 5)
CVA	+	0.134 3***	0.136 5***	0.132 2***
		(11.733 6)	(11.963 2)	(11.549 8)
ROA	−	−1.031 4***	−1.032 1***	−1.031 3***
		(−38.867 9)	(−38.903 4)	(−38.966 8)
TOB	?	−0.009 6***	−0.009 7***	−0.009 5***
		(−4.016 3)	(−4.041 4)	(−3.963 2)
INDU		控制	控制	控制
YEAR		控制	控制	控制
Adjust R²		0.370 8	0.370 7	0.372 0
F 值		138.759 8***	138.710 7***	139.480 9***
D.W 值		1.966 8	1.965 4	1.967 0
样本量		7 013	7 013	7 013

　　注:()内表示 t 值;*,**,***分别表示双尾检验在 10%,5%和 1%水平上显著。

附表 6　多元回归分析(假设 13)的稳健性检验(20％有效控制权)

变量	预期符号	LEV		
		①	②	③
常数项	?	−0.763 8*** (−19.182 8)	−0.757 8*** (−19.098 7)	−0.764 2*** (−19.251 1)
DIV_1	+	0.029 7** (2.522 3)		
DIV_2	+		0.225 9*** (3.129 8)	
DIV_3	+			0.086 6*** (3.208 4)
$MARDIV_1$	−	−0.001 6 (−1.226 7)		
$MARDIV_2$	−		−0.017 1** (−2.109 3)	
$MARDIV_3$	−			−0.005 4* (−1.772 5)
$SIZE$	+	0.055 4*** (31.274 4)	0.055 1*** (31.200 4)	0.055 4*** (31.334 7)
CVA	+	0.139 4*** (12.211 0)	0.138 6*** (12.139 3)	0.139 3*** (12.214 0)
ROA	−	−1.037 9*** (−39.211 2)	−1.038 3*** (−39.268 1)	−1.032 8*** (−39.053 3)
TOB	?	−0.009 9*** (−4.126 9)	−0.009 6*** (−4.012 5)	−0.009 8*** (−4.111 8)
$INDU$		控制	控制	控制
$YEAR$		控制	控制	控制
Adjust R^2		0.371 2	0.371 1	0.372 2
F 值		134.530 1***	134.461 0***	135.086 3***
D.W 值		1.970 5	1.968 1	1.969 6
样本量		7 013	7 013	7 013

注:()内表示 t 值;*,**,***分别表示双尾检验在 10％,5％和 1％水平上显著。

附表 7　多元回归分析(假设 14)的稳健性检验(20％有效控制权)

变量	预期符号	LEV		
		①	②	③
常数项	?	−0.762 7*** (−19.184 1)	−0.756 7*** (−19.085 9)	−0.764 2*** (−19.267 5)
DIV_1	+	0.038 3** (2.066 1)		
DIV_2	+		0.312 5*** (2.950 7)	
DIV_3	+			0.135 1*** (3.216 1)
$GOVIDIV_1$	−	−0.002 5 (−1.230 8)		
$GOVIDIV_2$	−		−0.025 6** (−2.238 4)	
$GOVIDIV_3$	−			−0.010 4** (−2.285 3)
SIZE	+	0.055 4*** (31.284 1)	0.055 1*** (31.191 4)	0.055 4*** (31.350 6)
CVA	+	0.139 7*** (12.246 5)	0.139 2*** (12.201 7)	0.139 5*** (12.245 0)
ROA	−	−1.038 5*** (−39.270 6)	−1.039 1*** (−39.310 8)	−1.033 4*** (−39.096 6)
TOB	?	−0.009 9*** (−4.115 2)	−0.009 6*** (−3.990 9)	−0.009 8*** (−4.095 5)
INDU		控制	控制	控制
YEAR		控制	控制	控制
Adjust R²		0.371 2	0.371 1	0.372 4
F 值		134.530 6***	134.489 9***	135.193 7***
D. W 值		1.969 6	1.966 3	1.967 6
样本量		7 013	7 013	7 013

注:()内表示 t 值;*,**,***分别表示双尾检验在 10％,5％和 1％水平上显著。

附表 8　多元回归分析(假设 15)的稳健性检验(20％有效控制权)

变量	预期符号	LEV		
		①	②	③
常数项	?	−0.769 4*** (−19.334 7)	−0.760 5*** (−19.180 0)	−0.766 6*** (−19.322 2)
DIV_1	+	0.033 2*** (4.954 3)		
DIV_2	+		0.202 5*** (4.937 2)	
DIV_3	+			0.078 5*** (5.186 2)
$LAWDIV_1$	−	−0.002 1*** (−3.057 5)		
$LAWDIV_2$	−		−0.015 1*** (−3.447 3)	
$LAWDIV_3$	−			−0.004 7*** (−2.887 4)
$SIZE$	+	0.055 6*** (31.406 5)	0.055 2*** (31.271 4)	0.055 5*** (31.397 7)
CVA	+	0.138 3*** (12.124 1)	0.137 7*** (12.070 1)	0.138 6*** (12.155 4)
ROA	−	−1.036 1*** (−39.191 5)	−1.038 3*** (−39.297 3)	−1.032 7*** (−39.076 2)
TOB	?	−0.009 9*** (−4.144 8)	−0.009 7*** (−4.031 9)	−0.009 9*** (−4.128 4)
$INDU$		控制	控制	控制
$YEAR$		控制	控制	控制
Adjust R^2		0.371 9	0.371 7	0.372 6
F 值		134.934 2***	134.843 8***	135.354 3***
D.W 值		1.970 4	1.968 3	1.969 6
样本量		7 013	7 013	7 013

注:()内表示 t 值;*,**,***分别表示双尾检验在 10％,5％和 1％水平上显著。

附表 9　多元回归分析(假设 16～假设 18)的稳健性检验(20％有效控制权)

变量	预期符号	LEV		
		①	②	③
常数项	?	−0.778 6*** (−19.110 6)	−0.749 0*** (−18.093 9)	−0.797 9*** (−19.614 8)
MAR	−	−0.003 1*** (−3.147 6)		
GOVI	−		−0.005 0*** (−3.522 6)	
LAW	−			−0.001 7*** (−2.965 0)
STAMAR	−	−0.002 1*** (−4.580 4)		
STAGOVI	−		−0.002 0*** (−4.488 4)	
STALAW	−			−0.002 1*** (−4.829 3)
SIZE	+	0.057 7*** (31.436 4)	0.057 2*** (31.385 0)	0.057 9*** (31.664 7)
CVA	+	0.136 3*** (11.915 9)	0.139 2*** (12.201 0)	0.133 5*** (11.676 3)
ROA	−	−1.043 2*** (−39.183 8)	−1.042 7*** (−39.201 6)	−1.044 4*** (−39.318 2)
TOB	?	−0.009 5*** (−3.989 3)	−0.009 6*** (−4.029 0)	−0.009 4*** (−3.915 2)
INDU		控制	控制	控制
YEAR		控制	控制	控制
Adjust R²		0.372 6	0.372 5	0.374 0
F 值		135.344 8***	135.254 1***	136.165 3***
D.W 值		1.961 3	1.960 1	1.961 4
样本量		7 013	7 013	7 013

注:()内表示 t 值;*,**,*** 分别表示双尾检验在 10％,5％和 1％水平上显著。

156

参 考 文 献

[1] Modigliani F, Merton H M. The Cost of Capital, Corporation Finance and the Theory of Investment[J]. The American Economic Review, 1958, 48 (3): 261－297.

[2] 陆正飞, 辛宇. 上市公司资本结构主要影响因素之实证研究[J]. 会计研究, 1998 (8): 34－37.

[3] 洪锡熙, 沈艺峰. 我国上市公司资本结构影响因素的实证分析[J]. 厦门大学学报(哲学社会科学版), 2000 (3): 114－120.

[4] 陈维云, 张宗益. 对资本结构财务影响因素的实证研究[J]. 财经理论与实践, 2002, 23 (1): 76－79.

[5] 肖作平. 资本结构影响因素和双向效应动态模型——来自中国上市公司面板数据的证据[J]. 会计研究, 2004 (2): 36－41.

[6] Williamson O E. Corporate Finance and Corporate Governance[J]. The Journal of Finance, 1988, 43 (3): 567－591.

[7] Hart O. Corporate Governance: Some Theory and Implications[J]. The Economic Journal, 1995, 105(430): 678－689.

[8] 李小军. 控制权私有收益下企业再融资研究[D]. 西安: 西安交通大学, 2008.

[9] Cai K, Fairchild R, Guney Y. Debt Maturity Structure of Chinese Companies [J]. Pacific-Basin Finance Journal, 2008, 16 (3): 268－297.

[10] Berle A, Means G. The Modern Corporation and Private Property. [M]. New York: MacMillan, 1932.

[11] Jensen M C, Meckling W H. Theory of The Firm: Managerial Behavior, Agency Costs and Ownership Structure[J]. Journal of Financial Economics, 1976, 3 (4): 305－360.

[12] Shleifer A, Vishny R W. A Survey of Corporate Governance[J]. The Journal of Finance, 1997, 52 (2): 737－783.

[13] La Porta R, Lopez-de-Silanes F, Shleifer A. Corporate Ownership around the World [J]. The Journal of Finance, 1999, 54 (2): 471－517.

[14] Claessens S, Djankov S, Lang L H P. The Separation of Ownership and Control in East Asian Corporations[J]. Journal of Financial Economics, 2000, 58 (1 - 2): 81 - 112.

[15] Faccio M, Lang L H P. The Ultimate Ownership of Western European Corporations[J]. Journal of Financial Economics, 2002, 65 (3): 365 - 395.

[16] Wiwattanakantang Y. Controlling Shareholders and Corporate Value: Evidence from Thailand[J]. Pacific-Basin Finance Journal, 2001, 9 (4): 323 - 362.

[17] Volpin P F. Governance with Poor Investor Protection: Evidence from Top Executive Turnover in Italy[J]. Journal of Financial Economics, 2002, 64 (1): 61 - 90.

[18] Cronqvist H, Nilsson M. Agency Costs of Controlling Minority Shareholders[J]. Journal of Financial and Quantitative Analysis, 2003, 38 (4): 695 - 719.

[19] Yeh Y, Ko C, Su Y. Ultimate Control and Expropriation of Minority Shareholders: New Evidence from Taiwan[J]. Academia economic papers, 2003, 31 (3): 263 - 299.

[20] Hughes P. Ultimate Control and Corporate Value: Evidence from the UK[R]. Liverpool: University of Liverpool, 2005.

[21] Gutiérrez L H, Pombo C, Taborda R. Ownership and Control in Colombian Corporations[J]. The Quarterly Review of Economics and Finance, 2008, 48 (1): 22 - 47.

[22] Chernykh L. Ultimate Ownership and Control in Russia[J]. Journal of Financial Economics, 2008, 88 (1): 169 - 192.

[23] La Porta R, Lopez-de-Silanes F, Shleifer A, et al.. Investor Protection and Corporate Governance [J]. Journal of Financial Economics, 2000, 58 (1 - 2): 3 - 27.

[24] Claessens S, Djankov S, Fan J R H, et al.. Disentangling The Incentive and Entrenchment Effects of Large Shareholdings[J]. Journal of Finance, 2002, 57 (6): 2741 - 2771.

[25] 叶勇, 胡培, 何伟. 上市公司终极控制权、股权结构及公司绩效[J]. 管理科学, 2005, 18 (2): 58 - 64.

[26] 王鹏,周黎安. 控股股东的控制权、所有权与公司绩效:基于中国上市公司的证据[J]. 金融研究,2006 (2):88 - 98.

[27] 杨淑娥,苏坤. 终极控制、自由现金流约束与公司绩效——基于我国民营上市公司的经验证据[J]. 会计研究,2009 (4):78 - 86.

[28] 苏启林,朱文. 上市公司家族控制与企业价值[J]. 经济研究,2003 (8):36 - 45,91.

[29] 肖作平. 股权结构对资本结构选择的影响——来自中国上市公司的经验证据[J]. 当代经济科学,2004,26 (1):1 - 7.

[30] 顾乃康,杨涛. 股权结构对资本结构影响的实证研究[J]. 中山大学学报(社会科学版),2004,44 (1):92 - 97.

[31] 曹廷求,孙文祥. 股权结构与资本结构:中国上市公司实证分析[J]. 中国软科学,2004(1):32 - 36,56.

[32] 胡国柳,董屹. 上市公司股权结构与资本结构选择的实证分析[J]. 财经科学,2005 (5):90 - 98.

[33] 王化成,李春玲,卢闯. 控股股东对上市公司现金股利政策影响的实证研究[J]. 管理世界,2007 (1):122 - 127,136.

[34] North D C. Institutions, Institutional Change and Economic Performance [M]. London:Cambridge University Press,1990.

[35] La Porta R, Lopez-de-Silanes F, Shleifer A,et al.. Law and Finance [J]. The Journal of Political Economy,1998,106 (6):1113 - 1155.

[36] La Porta R, Lopez-de-Silanes F, Shleifer A, et al.. Investor Protection and Corporate Valuation[J]. The Journal of Finance, 2002,57 (3):1147 - 1170.

[37] Dyck A, Zingales L. Private Benefits of Control:An International Comparison[J]. The Journal of Finance,2004,59 (2):537 - 600.

[38] 樊纲,王小鲁,朱恒鹏. 中国市场化指数——各地区市场化相对进程2009 年报告[M]. 北京:经济科学出版社,2010.

[39] Williamson O. The Economics of Discretionary Behavior:Managerial Objectives in a Theory of the Firm[M]. Englewood Cliffs, NJ:Prentice-Hall,1964.

[40] Friend I, Lang L H P. An Empirical Test of the Impact of Managerial Self-interest on Corporate Capital Structure[J]. The Journal of Finance,1988,43 (2):271 - 281.

［41］ Eisenberg M. The Structure of the Corporation：A Legal Analysis ［M］. New York：Aspen Law and Business，1976.

［42］ Demsetz H. Ownership，Control，and The Firm［M］. New York：Basil Blackwell，1983.

［43］ Morck R，Shleifer A，Vishny R W. Management Ownership and Market Valuation：An Empirical Analysis［J］. Journal of Financial Economics，1988，20：293－315.

［44］ Holderness C G，Sheehan D P. The Role of Majority Shareholders in Publicly Held Corporations：An Exploratory Analysis ［J］. Journal of Financial Economics，1988，20（1－2）：317－346.

［45］ Lins K V. Equity Ownership and Firm Value in Emerging Markets ［J］. The Journal of Financial and Quantitative Analysis，2003，38（1）：159－184.

［46］ Gadhoum Y. Politics and Finance：An Analysis of Ultimate Ownership and Control in Canadian and US Corporations ［J］. Problems and Perspectives in Management，2005(3)：22－33.

［47］ 刘芍佳，孙霈，刘乃全. 终极产权论、股权结构及公司绩效［J］. 经济研究，2003（4）：51－61.

［48］ 叶勇. 上市公司终极控制权效应研究及实证分析［D］. 成都：西南交通大学，2005.

［49］ 张光荣，曾勇，邓建平. 大股东治理及股东之间的代理问题研究综述［J］. 管理学报，2007，18（3）：363－372,378.

［50］ 许海东. 终极控制股东、治理环境与公司技术效率［D］. 广州：暨南大学，2009.

［51］ Almeida H V，Wolfenzon D. A Theory of Pyramidal Ownership and Family Business Groups［J］. The Journal of Finance，2006，61（6）：2637－2680.

［52］ Fan J P H，Wong T J. Corporate Ownership Structure and The Informativeness of Accounting Earnings in East Asia［J］. Journal of Accounting and Economics，2002，33（3）：401－425.

［53］ Gadhoum Y，Lang L H P，Young L. Who Controls US? ［J］. European Financial Management，2005，11（3）：339－363.

［54］ Bozec Y，Rousseau S，Laurin C. Law of Incorporation and Firm

Ownership Structure：The Law and Finance Theory Revisited[J]. International Review of Law and Economics，2008，28（2）：140 -149.

[55] 谷祺，邓德强，路倩. 现金流权与控制权分离下的公司价值——基于我国家族上市公司的实证研究[J]. 会计研究，2006(4)：30 - 36.

[56] 冯根福. 双重委托代理理论:上市公司治理的另一种分析框架——兼论进一步完善中国上市公司治理的新思路[J]. 经济研究，2004 (12)：16 - 25.

[57] Barclay M J，Holderness C G. Private Benefits from Control of Public Corporations[J]. Journal of Financial Economics，1989，25 (2)：371 - 395.

[58] Hwang J H，Hu B. Private Benefits：Ownership Versus Control [J]. Journal of Financial Research，2009，32 (4)：365 - 393.

[59] Hanouna P，Sarin A，Shapiro A. Value of Corporate Control：Some International Evidence[R]. L. A.：Marshall School，2002.

[60] 赵昌文，蒲自立，杨安华. 中国上市公司控制权私有收益的度量及影响因素[J]. 中国工业经济，2004 (6)：100 - 106.

[61] 余明桂，夏新平，潘红波. 控制权私有收益的实证分析[J]. 管理科学，2006，19 (3)：27 - 33.

[62] 林朝南，刘星，郝颖. 行业特征与控制权私利:来自中国上市公司的经验证据[J]. 经济科学，2006 (3)：61 - 72.

[63] 杨淑娥，王映美. 大股东控制权私有收益影响因素研究——基于股权特征和董事会特征的实证研究[J]. 经济与管理研究，2008 (3)：30 -35.

[64] Luo J H，Wan D F，Cai D. The Private Benefits of Control in Chinese Listed Firms：Do Cash Flow Rights Always Reduce Controlling Shareholders' Tunneling? [J]. Asia Pacific Journal of Management，2012,29(2):499 - 518.

[65] Lease R，McConnell J，Mikkelson W. The Market Value of Differential Voting Rights in Closely Held Corporations[J]. Journal of Business，1984，57 (4)：443 - 467.

[66] Zingales L. The Value of the Voting Right：A Study of the Milan Stock Exchange Experience[J]. Review of Financial Studies，1994，

7 (1)：125 - 148.

[67] Smith B, Amoako-Adu B. Relative Prices of Dual Class Shares[J]. Journal of Financial and Quantitative Analysis，1995，30 (2)：223 - 239.

[68] Kunz R，Angel J. Factors Affecting The Value of The Stock Voting Right：Evidence from The Swiss Equity Market [J]. Financial Management，1996，25 (3)：7 - 20.

[69] Chung K，Kim J. Corporate Ownership and The Value of A Vote in An Emerging Market[J]. Journal of Corporate Finance，1999，5 (1)：35 - 54.

[70] Nenova T. The Value of Corporate Voting Rights and Control：A Cross-country Analysis[J]. Journal of Financial Economics，2003，68 (3)：325 - 351.

[71] Bai C E，Liu Q，Song F M. The Value of Corporate Control：Evidence from China's Distressed Firms [R]. Hong Kong：University of Hong Kong, 2002.

[72] Yeh Y H. Do Controlling Shareholders Enhance Corporate Value？ [J]. Corporate Governance：An International Review，2005，13 (2)：313 - 325.

[73] Bozec Y，Laurin C. Large Shareholder Entrenchment and Performance：Empirical Evidence from Canada [J]. Journal of Business Finance & Accounting，2008，35 (1 - 2)：25 - 49.

[74] Hughes P. Corporate Value，Ultimate Control and Law Protection for Investors in Western Europe [J]. Management Accounting Research，2009，20 (1)：41 - 52.

[75] 朱滔. 大股东控制、股权制衡与公司绩效[J]. 管理科学，2007，20 (5)：14 - 21.

[76] 王力军. 代理问题、投资者保护与公司价值——来自我国上市公司的经验证据[J]. 证券市场导报，2007 (3)：18 - 25.

[77] 余明桂，夏新平，潘红波. 控股股东与小股东之间的代理问题：来自中国上市公司的经验证据[J]. 管理评论，2007 (4)：3 - 12.

[78] Durand D. Costs of Debt and Equity Funds for Business：Trends and Problems of Measurement. Conference on Research on Business

Finance[M]. New York: National Bureau of Economic Research, 1952: 215 – 247.

[79] Modigliani F, Miller M. Corporate Income Taxes and the Cost of Capital: A Correction[J]. The American Economic Review, 1963, 53 (3): 433 – 443.

[80] Miller M. Debt and Taxes[J]. Journal of Finance, 1977, 32 (2): 261 –275.

[81] Ross S. The Determination of Financial Structure: The Incentive-signalling Approach[J]. The Bell Journal of Economics, 1977, 8 (1): 23 – 40.

[82] Myers S C, Majluf N S. Corporate Investment and Financing Decisions When Firms Have Information That Investors Do Not Have[J]. Journal of Financial Economics, 1984, 13 (2): 187 – 221.

[83] Harris M, Raviv A. Corporate Control Contests and Capital Structure[J]. Journal of Financial Economics, 1988, 20: 55 – 86.

[84] Stulz R. Managerial Control of Voting Rights: Financing Policies and the Market for Corporate Control[J]. Journal of Financial Economics, 1988, 20: 25 – 54.

[85] Israel R. Capital Structure and the Market for Corporate Control: The Defensive Role of Debt Financing[J]. The Journal of Finance, 1991, 46 (4): 1391 – 1409.

[86] Aghion P, Bolton P. An Incomplete Contracts Approach to Financial Contracting[J]. The Review of Economic Studies, 1992, 59 (3): 473 – 494.

[87] Kester W C. Capital and Ownership Structure: A Comparison of United States and Japanese Manufacturing Corporations [J]. Financial Management, 1986, 15 (1): 5 – 16.

[88] Rajan R G, Zingales L. What Do We Know about Capital Structure? Some Evidence from International Data[J]. The Journal of Finance, 1995, 50 (5): 1421 – 1460.

[89] Booth L, Aivazian V, Demirguc-Kunt A, et al.. Capital Structures in Developing Countries[J]. The Journal of Finance, 2001, 56 (1): 87 –130.

[90] Jong A D, Kabir R, Nguyen T T. Capital Structure around the World: The Roles of Firm- and Country-specific Determinants[J]. Journal of Banking & Finance, 2008, 32 (9): 1954 – 1969.

[91] Deangelo H, Masulis R W. Optimal Capital Structure under Corporate and Personal Taxation [J]. Journal of Financial Economics, 1980, 8 (1): 3 – 29.

[92] Kim M K, Wu C. Effects of Inflation on Capital Structure[J]. Financial Review, 1988, 23 (2): 183 – 200.

[93] Graham J R, Harvey C R. The Theory and Practice of Corporate Finance: Evidence from the Field [J]. Journal of Financial Economics, 2001, 60 (2 – 3): 187 – 243.

[94] Korajczyk R A, Levy A. Capital Structure Choice: Macroeconomic Conditions and Financial Constraints [J]. Journal of Financial Economics, 2003, 68 (1): 75 – 109.

[95] Levy A, Hennessy C. Why Does Capital Structure Choice Vary with Macroeconomic Conditions? [J]. Journal of Monetary Economics, 2007, 54 (6): 1545 – 1564.

[96] Bokpin G. Macroeconomic Development and Capital Structure Decisions of Firms: Evidence from Emerging Market Economies[J]. Studies in Economics and Finance, 2009, 26 (2): 129 – 142.

[97] Sett K, Sarkhel J. Macroeconomic Variables, Financial Sector Development and Capital Structure of Indian Private Corporate Sector during the Period 1981 – 2007 [J]. The IUP Journal of Applied Finance, 2010, 16 (1): 40 – 56.

[98] Harris M, Raviv A. The Theory of Capital Structure[J]. Journal of Finance, 1991, 46 (1): 297 – 355.

[99] Shleifer A, Wolfenzon D. Investor Protection and Equity Markets [J]. Journal of Financial Economics, 2002, 66 (1): 3 – 27.

[100] 蔡楠, 李海菠. 宏观经济因素对上市公司资本结构的影响——基于面板数据模型的实证分析[J]. 财经科学, 2003(S1): 270 – 272.

[101] 姚琼. 宏观经济环境对农业上市公司资本结构的影响[J]. 经济问题探索, 2004 (6): 102 – 106.

[102] 原毅军, 孙晓华. 宏观经济要素与企业资本结构的动态优化[J]. 经

济与管理研究，2006(5)：10-13.

[103] Bhabra H S，Liu T，Tirtiroglu D. Capital Structure Choice in a Nascent Market：Evidence from Listed Firms in China[J]. Financial Management，2008, 37 (2)：341-364.

[104] 苏冬蔚，曾海舰. 宏观经济因素与公司资本结构变动[J]. 经济研究，2009 (12)：52-65.

[105] Myers S C. The Capital Structure Puzzle[J]. The Journal of Finance，1984, 39 (3)：575-592.

[106] Scott D，Martin J. Industry Influence on Financial Structure[J]. Financial Management，1975, 4 (1)：67-73.

[107] Bradley M，Jarrell G A，Kim E H. On the Existence of an Optimal Capital Structure：Theory and Evidence [J]. The Journal of Finance，1984, 39 (3)：857-878.

[108] 郭鹏飞，杨朝军，孙培源. 中国上市公司资本结构行业间差异实证研究[J]. 系统工程理论与实践，2004 (5)：9-14,83.

[109] 童光荣，胡耀亭，肖作平. 行业特征与资本结构研究[J]. 经济管理，2005 (8)：83-89.

[110] 黄辉，王志华. 资本结构行业差异及其影响因素的实证分析——来自我国上市公司的经验数据[J]. 财经理论与实践，2006，27 (1)：67-72.

[111] 姜付秀，刘志彪，李焰. 不同行业内公司之间资本结构差异研究——以中国上市公司为例[J]. 金融研究，2008 (5)：172-185.

[112] 徐莎. 中国上市公司资本结构行业间差异的实证研究[J]. 特区经济，2010 (8)：117-118.

[113] Warner J B. Bankruptcy Costs：Some Evidence[J]. The Journal of Finance，1977, 32 (2)：337-347.

[114] Titman S，Wessels R. The Determinants of Capital Structure Choice[J]. The Journal of Finance，1988, 43 (1)：1-19.

[115] Fama E F，Jensen M C. Separation of Ownership and Control[J]. Journal of Law and Economics，1983, 26 (2)：301-325.

[116] Ozkan A. Determinants of Capital Structure and Adjustment to Long Run Target：Evidence From UK Company Panel Data[J]. Journal of Business Finance & Accounting，2001, 28 (1-2)：

175 –198.

[117] Bevan A，Danbolt J. Capital Structure and Its Determinants in The UK：A Decompositional Analysis[J]. Applied Financial Economics，2002，12 (3)：159 – 170.

[118] Huang G，Song F M. The Determinants of Capital Structure：Evidence from China[J]. China Economic Review，2006，17 (1)：14 –36.

[119] 冯根福，吴林江，刘世彦. 我国上市公司资本结构形成的影响因素分析[J]. 经济学家，2000 (5)：59 – 66.

[120] 王娟，杨凤林. 中国上市公司资本结构影响因素的最新研究[J]. 国际金融研究，2002(8)：45 – 52.

[121] 苏坤，杨淑娥. 现金流权、控制权与资本结构决策——来自我国民营上市公司的证据[J]. 预测，2009(6)：18 – 23,70.

[122] Berger P G，Ofek E，Yermack D L. Managerial Entrenchment and Capital Structure Decisions[J]. The Journal of Finance，1997，52 (4)：1411 – 1438.

[123] Kim W S，Sorensen E H. Evidence on the Impact of the Agency Costs of Debt on Corporate Debt Policy[J]. The Journal of Financial and Quantitative Analysis，1986，21 (2)：131 – 144.

[124] Amihud Y，Lev B，Travlos N G. Corporate Control and the Choice of Investment Financing：The Case of Corporate Acquisitions[J]. The Journal of Finance，1990，45 (2)：603 – 616.

[125] Short H，Keasey K，Duxbury D. Capital Structure，Management Ownership and Large External Shareholders：A UK Analysis[J]. International Journal of the Economics of Business，2002，9 (3)：375 – 399.

[126] Jensen G R，Solberg D P，Zorn T S. Simultaneous Determination of Insider Ownership, Debt, and Dividend Policies[J]. The Journal of Financial and Quantitative Analysis，1992，27 (2)：247 – 263.

[127] Firth M. The Impact of Institutional Stockholders and Managerial Interests on The Capital Structure of Firms[J]. Managerial and Decision Economics，1995，16 (2)：167 – 175.

[128] Moh'd M A，Perry L G，Rimbey J N. The Impact of Ownership

Structure on Corporate Debt Policy: a Time-Series Cross-Sectional Analysis[J]. Financial Review, 1998, 33 (3): 85 - 98.

[129] Nam J, Ottoo R E, Thornton Jr J H. The Effect of Managerial Incentives to Bear Risk on Corporate Capital Structure and R&D Investment[J]. Financial Review, 2003, 38 (1): 77 - 101.

[130] Brailsford T J, Oliver B R, Pua S L H. On the Relation between Ownership Structure and Capital Structure [J]. Accounting & Finance, 2002, 42 (1): 1 - 26.

[131] Florackis C, Ozkan A. Managerial Incentives and Corporate Leverage: Evidence from The United Kingdom[J]. Accounting & Finance, 2009, 49 (3): 531 - 553.

[132] Grier P, Zychowicz E J. Institutional Investors, Corporate Discipline, and The Role of Debt [J]. Journal of Economics and Business, 1994, 46 (1): 1 - 11.

[133] Bathala C, Moon K, Rao R. Managerial Ownership, Debt Policy, and The Impact of Institutional Holdings: An Agency Perspective [J]. Financial Management, 1994, 23 (3): 38 - 50.

[134] Du J, Dai Y. Ultimate Corporate Ownership Structures and Capital Structures: Evidence from East Asian Economies [J]. Corporate Governance: An International Review, 2005, 13 (1): 60 - 71.

[135] Bunkanwanicha P, Gupta J, Rokhim R. Debt and Entrenchment: Evidence from Thailand and Indonesia [J]. European Journal of Operational Research, 2008, 185 (3): 1578 - 1595.

[136] Bany-Ariffin A. Disentangling the Driving Force of Pyramidal Firms' Capital Structure: A New Perspective [J]. Studies in Economics and Finance, 2010, 27 (3): 195 - 210.

[137] Lin C, Ma Y, Malatesta P, et al.. Ownership Structure and the Cost of Corporate Borrowing[J]. Journal of Financial Economics, 2011, 100 (1): 1 - 23.

[138] 金雪军, 张学勇. 公司控制权研究的新进展[J]. 经济理论与经济管理, 2005 (8): 69 - 73.

[139] 孙健. 最终控制人、债务融资与控制私利[J]. 南京审计学院学报, 2005, 2 (4): 30 - 32.

[140] 邹平，付莹. 我国上市公司控制权与现金流权分离——理论研究与实证检验[J]. 财经研究，2007，33（9）：135－143.

[141] 韩亮亮，李凯. 控制权、现金流权与资本结构——一项基于我国民营上市公司面板数据的实证分析[J]. 会计研究，2008（3）：66－73.

[142] 孙健. 终极控制权与资本结构的选择——来自沪市的经验证据[J]. 管理科学，2008，21（2）：18－25.

[143] Demirguc-Kunt A，Maksimovic V. Institutions，Financial Markets，and Firm Debt Maturity[J]. Journal of Financial Economics，1999，54（3）：295－336.

[144] Giannetti M. Do Better Institutions Mitigate Agency Problems? Evidence from Corporate Finance Choices [J]. The Journal of Financial and Quantitative Analysis，2003，38（1）：185－212.

[145] Cheng S R，Shiu C Y. Investor Protection and Capital Structure: International Evidence [J]. Journal of Multinational Financial Management，2007，17（1）：30－44.

[146] Vasiliou D，Daskalakis N. Institutional Characteristics and Capital Structure: A Cross-national Comparison [J]. Global Finance Journal，2009，19（3）：286－306.

[147] Fan J P H，Twite G J，Titman S. An International Comparison of Capital Structure and Debt Maturity Choices [R]. Hong Kong Chinese University of Hong Kong，2010.

[148] 夏立军，方轶强. 政府控制、治理环境与公司价值——来自中国证券市场的经验证据[J]. 经济研究，2005（5）：40－51.

[149] 孙铮，刘凤委，李增泉. 市场化程度、政府干预与企业债务期限结构——来自我国上市公司的经验证据[J]. 经济研究，2005（5）：52－63.

[150] 方军雄. 市场化进程与资本配置效率的改善[J]. 经济研究，2006（5）：50－61.

[151] 罗党论，唐清泉. 市场环境与控股股东"掏空"行为研究——来自中国上市公司的经验证据[J]. 会计研究，2007（4）：69－74.

[152] 李丹蒙，夏立军. 股权性质、制度环境与上市公司R&D强度[J]. 财经研究，2008，34（4）：93－104.

[153] 郝颖，刘星. 市场化进程与上市公司R&D投资：基于产权特征视角

[J]. 科研管理，2010，31（4）：81-90.

[154] 罗党论，唐清泉. 中国民营上市公司制度环境与绩效问题研究[J]. 经济研究，2009（2）：106-118.

[155] 苏坤，张俊瑞，杨淑娥. 终极控制权、法律环境与公司财务风险——来自我国民营上市公司的证据[J]. 当代经济科学，2010，32（5）：80-87.

[156] 廖义刚，张玲，谢盛纹. 制度环境、独立审计与银行贷款——来自我国财务困境上市公司的经验证据[J]. 审计研究，2010（2）：62-69.

[157] Jian M, Wong T. Propping Through Related Party Transactions [J]. Review of Accounting Studies, 2010, 15 (1): 70-105.

[158] 王鹏. 投资者保护、代理成本与公司绩效[J]. 经济研究，2008（2）：68-82.

[159] 沈艺峰，肖珉，林涛. 投资者保护与上市公司资本结构[J]. 经济研究，2009（7）：131-142.

[160] 苏坤，杨淑娥. 现金流权、超额控制与公司经营绩效[J]. 山西财经大学学报，2008，30（9）：54-59.

[161] Chen G, Firth M, Xu L. Does the Type of Ownership Control Matter? Evidence from China's Listed Companies[J]. Journal of Banking & Finance, 2009, 33 (1): 171-181.

[162] 苏坤，杨淑娥. 基于终极控制权差异的融资结构影响因素研究[J]. 云南财经大学学报，2009（2）：65-73.

[163] 张维迎. 企业理论与中国企业改革[M]. 北京：北京大学出版社，1998.

[164] 沈艺峰. 资本结构理论史[M]. 北京：经济科学出版社，1999.

[165] 李义超. 中国上市公司资本结构研究[M]. 北京：中国社会科学出版社，2003.

[166] 黎来芳. 控制权对上市公司融资行为的影响研究[M]. 北京：中国财政经济出版社，2009.

[167] 江伟，沈艺峰. 负债、资源控制与大股东剥削[J]. 南开经济研究，2008（5）：96-110.

[168] Jensen M C. Agency Costs of Free Cash Flow, Corporate Finance, and Takeovers[J]. The American Economic Review, 1986, 76 (2): 323-329.

[169] 刘万才. 制度、行为与国有企业资本结构优化[D]. 上海：同济大学，2008.

[170] Black F, Scholes M. The Pricing of Options and Corporate Liabilities[J]. The Journal of Political Economy, 1973, 81 (3)：637 -654.

[171] Boubaker S. On The Relationship between Ownership-control Structure and Debt Financing：New Evidence from France[J]. Corporate Ownership and Control, 2007(1)：139 - 154.

[172] 夏新平，邹振松，余明桂. 控制权、破产风险与我国民营公司负债行为[J]. 管理学报，2006, 3 (6)：683 - 691.

[173] Su K, Yang Se, Yang B. Ultimate Ownership and Firm Performance：Evidence from Chinese Private Listed Firms[J]. International Journal of Management Science and Engineering Management, 2010, 5 (3)：182 - 191.

[174] Bany-Ariffin A N, Mat Nor F, McGowan C B. Pyramidal Structure, Firm Capital Structure Exploitation and Ultimate Owners' Dominance [J]. International Review of Financial Analysis, 2010, 19 (3)：151 - 164.

[175] Lardy N R. China's Unfinished Economic Revolution [M]. Washington：Brookings Institution Press ,1998.

[176] 田利辉. 国有产权、预算软约束和中国上市公司杠杆治理[J]. 管理世界，2005(7)：123 -128.

[177] 李增泉，辛显刚，于旭辉. 金融发展、债务融资约束与金字塔结构——来自民营企业集团的证据[J]. 管理世界，2008(1)：123 -135.

[178] 韩亮亮，李凯，方圆. 金字塔股权结构、终极股东控制与资本结构[J]. 管理评论，2009, 21 (5)：35 - 41.

[179] Filatotchev I, Mickiewicz T M. Ownership Concentration, Private Benefits of Control and Debt Financing[C]. Houndmills：Palgrave Macmillan, 2006：159 - 176.

[180] 葛敬东. 现金流权比例对终级股东剥夺行为的约束程度分析[J]. 会计研究，2006(7)：52 - 58.

[181] 吕长江，肖成民. 最终控制人利益侵占的条件分析——对 LLSV 模型的扩展[J]. 会计研究，2007(10)：82 - 86.

[182] 韩亮亮，李凯. 民营上市公司终极股东控制与资本结构决策[J]. 管理科学，2007，20（5）：22－30.

[183] Long N V，Sorger G. Insecure Property Rights and Growth：The Role of Appropriation Costs，Wealth Effects，and Heterogeneity [J]. Economic Theory，2006，28（3）：513－529.

[184] 刘东霖，张俊瑞，苏坤. 控股股东对公司信息披露透明度影响的实证研究——来自深市上市公司的经验证据[J]. 系统工程，2009，27（12）：17－24.

[185] 黎文靖，路晓燕. 地区环境，第一大股东与会计信息质量——来自中国证券市场的经验证据[J]. 经济与管理研究，2007(12)：66－71.

[186] Zhang T. Corporate Layers and Corporate Transparency in a Transition Economy：Evidence from China[D]. Hong Kong：Hong Kong University of Science and Technology，2004.

[187] Wang K，Xiao X. Ultimate Government Control Structures and Firm Value：Evidence from Chinese Listed Companies[J]. China Journal of Accounting Research，2009，2（1）：101－122.

[188] 夏立军，方轶强. 政府控制、治理环境与公司价值——来自中国证券市场的经验证据[J]. 经济研究，2005(5)：40－51.

[189] 巴曙松，刘孝红，牛播坤. 转型时期中国金融体系中的地方治理与银行改革的互动研究[J]. 金融研究，2005（5）：25－37.

[190] 黎凯，叶建芳. 财政分权下政府干预对债务融资的影响——基于转轨经济制度背景的实证分析[J]. 管理世界，2007(8)：23－34.

[191] 刘志远，毛淑珍，乐国林. 政府控制、终极控制人与上市公司债务期限结构[J]. 当代财经，2008(1)：102－108.

[192] 杨翠霞. 终极控制人对资本结构影响的实证研究[D]. 厦门：厦门大学，2009.

[193] 王烨. 最终控制人、股权控制链与资金侵占——来自我国上市公司的经验证据[J]. 山西财经大学学报，2009，31（8）：116－124.

[194] Attig N，Gadhoum Y，Lang L，et al.. Bid-Ask Spread，Asymmetric Information and Ultimate Ownership[R]. Halifax：Saint Mary's University，2003.

[195] Wang J. A Comparison of Shareholder Identity and Governance Mechanisms in the Monitoring of CEOs of Listed Companies in

China[J]. China Economic Review, 2010, 21 (1)：24 - 37.

[196] 张维迎. 控制权损失的不可补偿性与国有企业兼并中的产权障碍
[J]. 经济研究, 1998(7)：3 - 24.

[197] 吴清华. 基于终极控制人特征的审计委员会财务治理绩效研究[D].
西安：西安交通大学, 2007.

[198] 夏立军, 陈信元. 市场化进程、国企改革策略与公司治理结构的内生
决定[J]. 经济研究, 2007(7)：82 - 95.

[199] 冯天丽, 井润田, 王国锋. 私营企业政治资本与国有银行借贷的实证
研究[J]. 预测, 2010, 29 (3)：31 - 37.

[200] Faccio M. Politically Connected Firms[J]. The American Economic
Review, 2006, 96 (1)：369 - 386.

[201] Firth M, Lin C, Liu P, et al. Inside The Black Box：Bank Credit
Allocation in China's Private Sector[J]. Journal of Banking &
Finance, 2009, 33 (6)：1144 - 1155.

[202] Li H, Meng L, Wang Q, et al. Political Connections, Financing and
Firm Performance：Evidence from Chinese Private Firms [J].
Brussels：Journal of Development Economics, 2008, 87 (2)：
283 -299.

[203] 余明桂, 潘红波. 政治关系、制度环境与民营企业银行贷款[J]. 管理
世界, 2008(8)：9 - 21.

[204] Wang L, Huyghebaert N. Institutions, Ownership Structure and
Financing Decisions：Evidence from Chinese Listed Firms [R].
Brussels：Katholieke Universiteit Leuven, 2009.

[205] Li K, Yue H, Zhao L. Ownership, Institutions, and Capital
Structure：Evidence from China [J]. Journal of Comparative
Economics, 2009, 37 (3)：471 - 490.

[206] Hail L, Leuz C. International Differences in the Cost of Equity
Capital：Do Legal Institutions and Securities Regulation Matter?
[J]. Journal of Accounting Research, 2006, 44 (3)：485 - 531.

[207] Demirguc-Kunt A, Maksimovic V. Law, Finance, and Firm
Growth[J]. The Journal of Finance, 1998, 53 (6)：2107 - 2137.

[208] Cull R, Xu L C. Institutions, Ownership, and Finance：The
Determinants of Profit Reinvestment among Chinese Firms [J].

Journal of Financial Economics，2005，77（1）：117 - 146.

[209] 肖作平. 大股东、法律制度和资本结构决策——来自中国上市公司的经验证据[J]. 南开管理评论，2009，12（1）：27 - 39.

[210] 余明桂，回雅甫，潘红波. 政治联系、寻租与地方政府财政补贴有效性[J]. 经济研究，2010（3）：65 - 77.

[211] 钟海燕，冉茂盛. 制度环境、所有权性质与负债的治理效应[J]. 技术经济，2010，29（7）：110 - 116.

[212] 孙永祥. 公司治理结构：理论与实证研究[M]. 上海：上海人民出版社，2002.

[213] Boycko M，Shleifer A，Vishny R. A Theory of Privatisation[J]. The Economic Journal，1996，106（435）：309 - 319.

[214] Xu L C，Zhu T，Lin Y M. Politician Control，Agency Problems and Ownership Reform[J]. Economics of Transition，2005，13（1）：1 - 24.

[215] 王英英. 终极股东对企业投资行为影响的研究[D]. 济南：山东大学，2009.

[216] Wang Q，Wong T J，Xia L. State Ownership，The Institutional Environment，and Auditor Choice：Evidence from China[J]. Journal of Accounting and Economics，2008，46（1）：112 - 134.

[217] 李怀祖. 管理研究方法论[M]. 西安：西安交通大学出版社，2004.

[218] 李志辉，罗平. SPSS for Windows 统计分析教程[M]. 北京：电子工业出版社，2005.

[219] 郭志刚. 社会统计分析方法——SPSS 软件应用[M]. 北京：中国人民大学出版社，2004.

[220] Wooldridge J M. Introductory Econometrics：A Modern Approach[M]. Mason，Ohio：Thomson South-Western，2003.

[221] 吴建忠. 沪市公司年报对公司实际控制人的披露情况分析[J]. 证券市场导报，2010（4）：41 - 47.

后　记

本专著是在博士论文的基础上形成的，在即将付梓之际、撰写后记之时，不断浮现在西安交大十年寒窗苦读的点点滴滴。在那里奋斗的日日夜夜、度过的分分秒秒，值得一生来追忆。尤其是读博的那五年，有过茫然若失、不知所措的困苦与担忧，也有豁然开朗、柳暗花明的欣喜与欢乐，但更多的是日日"三点一线"的平凡与执着，默默感悟人生百味。整个过程不仅仅是学术生涯的系统探索之旅，也是精神意志的坚实锤炼之路，为今后的学术发展奠定了良好的基础。专著的完成与出版虽是个人努力的结果，但没有导师、朋友、同学和亲人的关心、帮助与支持却是无法完成的，在此特别向他们表达内心的感激之情。

特别感谢我的博士生导师、西安交通大学张俊瑞教授和杨淑娥教授。两位导师将我引入学术研究的殿堂与对实际控制人研究的前沿领域，从对科研的懵懂无知到能够独立地从事论文写作，每一步无不渗透着两位恩师的心血。张老师渊博的学识、睿智的思维、一丝不苟的态度、平易近人的作风让我受益匪浅。杨老师严谨的治学态度、孜孜不倦的学术追求、积极而淡泊的生活方式始终激励、鼓舞着我。导师将其主持的国家自然科学基金项目中的重要组成部分"实际控制人与融资决策关系研究"分项目交给我，这既是信任，也是鞭策。随后，从选题到框架结构设计、从数据收集到研究结论分析、从谋篇布局到遣词造句，每一阶段都得到两位老师悉心、细致的指导。师恩难忘，本专著的完成与两位导师的教诲是分不开的。当其摆在他们案头的时候，希望无论是著作还是此前的工作，都没有让他们失望太多。在此，谨向两位敬爱的导师致以最诚挚的感谢和最美好的祝愿。

感谢西北工业大学杨乃定教授，西北大学师萍教授，西安交通大学万迪昉教授、郭菊娥教授、柯大钢教授、田高良教授、冯均科教授、李婉丽教授，西安理工大学李秉祥教授和西安交通大学王建玲博士在我的项目开题和答辩时给予的指导和极富建设性的意见，使我对论文的框架进行了更完善的修订，避免了一系列弯路。感谢硕博研究生期间西安交通大学管理学院给我们授课的各位老师，正是他们的悉心授课使我打下了坚实的学术基础。

　　感谢师门所有师兄弟姐妹们，正是与他们一次次的学术研讨与交流，才使我的研究能力不断提高。每周一次的师门研讨会早已成为学术交流的平台，同门交流、探讨学术的场景至今仍历历在目。感谢实验室436机房的各位兄弟姐妹，在那里大家共同学习、生活、关心与支持，给单调的博士生涯增添了许多乐趣，大家的讨论交流也从不同角度给了我莫大的帮助。

　　感谢我的亲人，你们一直是我坚强的后盾。正是你们的理解与支持、帮助与鼓励，以及无私的付出支撑着我克服困难、不断前行。

　　最后，要特别感谢西北工业大学出版社和本书的策划编辑及责任编辑，她们细致的工作保证了高水平的出版质量。感谢国家自然科学基金（71773088，71402141）、中国博士后科学基金（2015M582705，2016T90943）、陕西省博士后科研项目（2016BSHYDZZ47）、西北工业大学中央高校基本科研业务费专项资金（3102017jc19005）对本专著研究内容的支持。感谢西北工业大学出版基金的支持。

　　期盼未来能够在相关领域做出更好的研究成果，也期盼能与有相同追求的学者共同推进该领域进一步的深入研究。

苏　坤

2017 年 12 月